〈わたし〉を生きる

女たちの肖像

島﨑今日子

紀伊國屋書店

〈わたし〉を生きる

——女たちの肖像

目次

1 表現者の孤独

2 女が動かす

ブックデザイン　鈴木成一デザイン室

1 表現者の孤独

作家

山田詠美

欲望を
文学に昇華する
永遠の〝あばずれ〟

写真　白谷達也

「何書いてもいいからさ、終わったら飲みに行こうよ」

山田詠美《えいみ》はお茶を出しながら笑った。吉祥寺にある4LDKのペントハウス。大きなテーブルの上には読みかけの宇能鴻一郎《うのこういちろう》とセブンスター。飾り棚にはバスキアのポスターと仲間の写真。シャネルのNo.19が香る。

山田の朝は早い。六時か七時には起きて、井の頭公園を一時間散歩する。家に戻るとブランチを作る。玄米に味噌汁、惣菜。午後は仕事の時間だ。小説に向かう時は水道から水滴の落ちる音さえ邪魔になる。許容できるものは、隣の部屋にいる好きな男の気配だけ。筆が走り出すと止《や》める。タイトルを決めるだけに三カ月かける作家は、一日数枚しか書かない。

「十日で百枚なら三カ月で百枚書く。十冊書くなら一冊に集中したい」

夕方になるとレモンを搾った麦焼酎を飲んでテンションを下げ、手製のつまみを口にし、本を読む。早ければ七時にはベッドに入る。夜中に目が覚めると、読書して再び眠る。まるでリングに登る前のボクサーだ。一月に出版された『無銭優雅』は山田の三十一冊目の小説だが、彼女の作品の半分はデビューして六年のうちに書かれている。以降は、締め切りのある小説は書いていない。そんな人気作家は、他にはいない。読者が再生産され続けるロングセラー作家であり、出せば必ず十万部は売れる実績と自信があればこそだ、と編集者たちは口を揃える。

「タイトルマッチはそんなにできないからさ。だから普段は、本、読んで、縄跳びしてるんだよ」

直木賞受賞時からの盟友、幻冬舎の石原正康《まさやす》は「あの勤勉さ、ライス長官っぽい」と感嘆する。馴染《なじ》みのバー、コーニッツの店主、中田道也《みちや》にも、山田が書き出した時はすぐにわかる。酔い方が変わり、意味不明なことを口にするからだ。ある時、仲間たちで六本木に出かけたが、電車の中で山田が突然泣き出した。

「小説のことで頭がいっぱいなのに、なぜこんなところにいるのかと思ったようです」

しかし、小説を書かない時期の日常も、酒の量が増えるぐらいで、あまり変わらない。書く時間は読書に充てる。トイレに漫画『ハチミツとクローバー』が置いてあったが、あらゆるジャンルを網羅する目利きだ。編集者との打ち合わせや取材があり、旅行や実家でハメを外すが、冷蔵庫に貼られた小さなカレンダーにはポツリポツリとしか予定は入っていない。その一つが、西荻窪のコーニッツで行われる、ジャズの生演奏をバックにした朗読会だ。六年前に中田が、シャイで上がり性で講演もやらない山田と、作家・奥泉光《ひかる》を口説いて始まったイベントだ。チケットは発売直後に売り切れる。毎回二十坪の店内は四十人もの客で酸欠状態となり、熱烈な山田ファンの女性が目立つ。

「あんなカッコいい人になりたい」

山田ファンには女とゲイの男と受刑者が多い。サイン会には、着飾った男女がプレゼントとファンレターや花束を抱えてやって来て、号泣する。詠美という名の持ち主も少なくない。刑務所からは「僕は国家権力に負けて二十年入っています」と検印が押された手紙が舞い込む。

「小説書いてなかったら、私なんてクズだったと思う。箍《たが》が外れてしまう。後悔だらけの人生だけど作家になってよかった。おとし前つけられるから。すべてをネタにするなんて、よこしまな職業だよね」

「彼女の本質はゲイ」／女が男を選ぶ不道徳小説

日本を代表する女性作家と誰もが認める山田が、『ベッドタイムアイズ』でスキャンダルという銀粉をまき散らしながら文壇に衝撃的なデビューを果たしたのは一九八五年だ。男女雇用機会均等法が制定され、松田聖子が結婚し、日航ジャンボ機が御巣鷹山《おすたかやま》に墜落した年。切ない恋物語は相手が黒人だというだけでふしだらと烙印を押され、私生活共々、写真週刊誌やワイドショーの標的となった。

「異人種、それも黒人と付き合って、その色恋沙汰を書いたことが日本男児の反感を煽ったんだね。でも、男は大昔からやってるじゃない。『舞姫』の太田なんて、はっきり言って鬼畜だよ。私は不道徳と言われることいっぱい書いてきたけれど、人としてのマナーは守ってきた」

山田の恋愛小説は女が男を選び、肉体からすべてが始まる。今でこそそうした小説はあるが、水路を拓《ひら》いたのは山田だ。

「私、パンドラの箱、開けちゃったんだね。男って、哲学書読む娼婦は好きだけど、娼婦な哲学者、嫌いだもんね」

同年代の作家で、友人でもある島田雅彦は、山田を「時代と闘ってきた女。彼女の本質はゲイだから」と看破し、語る。

「男女平等にもかかわらず、女は相も変わらず媚《こび》を売って可愛いほうがいいという世の中。心ある女はゲイにならざるを得ない」

山田の上半身はむっちりしているが、下半身はすらりと細い。胸とお尻の差が十センチ、雌雄同体のような身体だ。精神も同様で、女性特有の妊娠や生理をテーマに書いたことは一度もない。硬質な文体はセックスを描いてもエロとは遠く、物語は感情と関係に収斂《しゅうれん》される。

「女は子宮で考える、なんて大嫌いッ。いつも、男の子の心持ちで書いている」

本名、双葉《ふたば》。メーカーに勤めるエリート技師の父は「栴檀《せんだん》は双葉より芳し」から長子の名前をとり、脚が曲がるからと正座させることもしなかった。専業主婦の母と二人の妹の五人家族。父の転勤で社宅を移り住み、中学までは転校の度に弾《はじ》かれ、苛《いじ》められた。三歳から百科事典を読んでいた少女には図書室が逃げ場で、小学五年で読書好きの母に贈られた児童文学全集六十巻を読破。読書日記をつけて太宰《だざい》や三島の小説を分析し、想像の世界を浮遊した。自分の置かれた状況を、幽体離脱して俯瞰《ふかん》するのが習い性だった。

「昔は凄《すご》く不幸に思っていたけど、あの時代が小説家の目を育てた。私は嘘や知らないこと、嫌いな人は書けない」

漫画家デビューも3年でやめる／ホステスで稼ぎ、25歳で子連れ米兵と同棲

土地土地での体験は高精度の記憶フォルダーにしまわれ、『晩年の子供』などの作品に結晶している。山田は自称「外しマニア」だ。ブランドものや高級レストランには関心がなく、男も人気者よりその横ではにかむ人に心が動く。自分よりお金のある男と付き合ったことはない。

「お前は山田家の長男」「成績さえよければ何をしてもいい」「教師のような男女平等の職業に就きなさい」と両親の期待を一身に受けながら、人の輪に入れない少女は早くから「人とは違う」という強烈な自意識を抱えていた。それが「あばずれな行状」へと走らせる。本を読み、キスを交わす両親を見て恋愛への好奇心を疼《うず》かせ、遅くに迎えた初経とほぼ同時期にセックスを経験する。相手はジャズとフランス文学通の柔道部の男子だった。

栃木県の進学校、鹿沼《かぬま》高校の文芸部と美術部で一緒だった江田《えだ》敏子には、「小説家か漫画家になるか、迷っている」と言う山田は見たこともない大人だった。「付き合っていた彼の趣味にどっぷりハマり、合宿でお父さんのお下がりのYシャツをパジャマとして着てました」

生徒会が出した文集には、高三の山田が描いた池田理代子ばりの絵と、「マンガ家は皆、意味の病と戦う表現者であるべきだ」という文章が載っていた。

漫画家のいしかわじゅんが、山田と会ったのは七八年だ。母校の明治大学の漫研に行くと、部員からつまはじきにされている生意気な女子学生がいた。自信と不安が強いあまり他人を拒否するのだとわかったが、可愛げがあったので、「漫画を発表したい」と言われ、エロ漫画雑誌を紹介した。絵は下手でも「可愛い子ちゃん」故、即デビュー、注目を集めた。当時の雑誌に「小説も書いてます」と答えている。少女漫画誌でも連載が始まった。

九つ下の妹、由紀子は、自分にだけ厳しい母に決して口答えしなかった山田が、一度だけ反抗した日を覚えている。漫画家になる、と大学を中退した時だ。姉は「経済的援助は一切いらないから好きにやらせて」と泣き叫んだ。その頃の山田には親の信頼と愛情が息苦しかった。彼女の後期の漫画は既に『ベッドタイムアイズ』の世界だ。だが、山田は三年で漫画をやめる。いしかわは、嘆息する。「あいつは根気がなく、ストーリーを考えた時点で飽きていた。絵も味があったから、続けていれば実験的なことをやる少女漫画家の一人になっていただろう」

山田が漫画をやめたのは、自分の絵が下手だと自覚していたからだ。が、何よりあからさまに編集者から「お前はいらない」という扱いをされ、人の心に敏感な山田は深く傷ついた。彼は描き直しを要求した原稿をアルバイトに取りに来させ、それきり連絡してこなかった。

それから、漫画家時代に始めていたホステス業で稼ぎ、風俗の世界にも足を踏み入れる。生活のためであり、赤坂のムゲンや横田基地のクラブで黒人の男の子たちと遊ぶためだった。山田の最初の転機は、二十歳で黒人のボーイフレンドを持ったときだという。ジャズとソウルミュージック。音楽の趣味が合い、思ったことをそのまま言葉にする男たち。

「以心伝心がないのがいい。こんなにも私を楽にしてくれる人がいるのかと。好きなテイストがすべて集約されていた」

山田は、黒人を好きなのは単にフェティッシュだからと言う。だが、苛められっ子で外しマニアの心が、疎外され続けた黒人に激しく共振したのは容易に想像できる。「いたいけなものにしか惹かれない」のは、それが少女時代の自分だからではないか。二十五歳の時、八歳年上の黒人の米軍軍曹と、彼の連れ子の少年と共に福生《ふっさ》で同棲を始めた。親友の渡辺ともえに言わせれば「お酒とジョークが好きな、誰も相手にしないような男」だった。主婦業をして、小説を書いた。退学してからやることすべてが裏目に出た。汚い世界も見たし、裏切りにも遭い、「私ってやつはコースを外れてしまったな」と自棄《やけ》になる。両親は何も言わないが、愛情をかけてもらったのにと心に負荷がかかる。何かを変えたかった。だが、友達や妹が遊びにくると原稿用紙を隠した。

「字を書いてるなんて恥ずかしくって」

最初の一行を書くまでに時間はかかったが、その一行が書けると一月で百一枚が書けた。漫画で描けないことが小説でなら表現できた。完成したのは「文藝賞」締切り日の午後だった。飽きっぽいと言われた自分にも集中できることがあった。二十六歳の山田は、郵便局までの十分を、生まれてはじめて全速力で走った。

文藝賞作家はSMの女王／浴びるバッシングの嵐／直木賞受賞で敵が味方に

『文藝』の編集長だった髙木有《たもつ》は、下読みの段階でBの上と評価された丸文字の「スプーンは私をかわいがるのがとてもうまい」で始まる原稿に惚れ込み、最終選考の四作の一作に残した。選考委員全員がこの作品を推した。江藤淳は「二十年に一人の才能」と絶賛した。髙木が山田を呼び出すと、胸の大きくあいた服に派手な化粧のギャルがやってきた。ウエイトレスをしているというので、その店でお祝いしようと誘うと、固辞する。数日後、雑誌社から電話が入り、山田がSMクラブで女王様をしていると知らされた。

「マイナスを集めてプラスにしているようなところがあり、心構えも見事なもんだった。彼女の登場以降、カタカナの題名が増え、純文学の幅が広がったのはあの作品とキャラと文章力があったから」

『ベッドタイムアイズ』から三作が芥川賞候補となるが、いずれも逃す。その度に過去に撮ったヌード写真が週刊誌に載り、「ぶら下がり族」「黒ん坊の情婦」「国辱」などの言葉が槍のように降ってきた。『ソウル・ミュージック・ラバーズ・オンリー』が直木賞候補になった直後には、恋人が婦女暴行容疑で逮捕された。傷心の山田に追い打ちをかけるように、マスコミは「犯罪者の妻」と責めたてる。だが、直木賞受賞の瞬間に世界は一転した。

「その場にいた百人以上の報道陣が一瞬にして敵から味方に変わった。ざまあみろ、と思ったよ。だから、他はだらしない私が、文学にだけは真摯《しんし》なんだ」

それからの山田の人生は「南極と北極ぐらい」変わった。文壇には、彼女の奔放さを愛し、両親のように「成績さえよければ何をしてもいい」と受容してくれる先輩がいた。山田が文学賞の選考委員を引き受けるのもこの体験があるからだ。

『ひざまずいて足をお舐《な》め』『風葬の教室』など傑作を次々発表。『放課後の音符《キイノート》』で一気に読者層を広げ、三十二歳の時に『トラッシュ』で女流文学賞を受賞。ここに書かれた「ねえ、ココ、絶対に壊れない関係ってないの？」と、恋人の息子がココに問いかける言葉は、山田文学を貫く主題そのものであった。そして人気作家の地位を揺るぎないものにした頃、彼女はまさにこの問いに苦しんでいた。

二十八歳で出会った七歳年下の米軍軍曹と「この人を守ってあげたい」と三十一歳で結婚。だが、夫の給料で日々の暮らしを立てていた幸せな生活は湾岸戦争の頃から軋《きし》み始めた。いつ戦場に送り込まれるかという恐怖の中で、虫も殺せない夫が毎晩泣いていた。夫は軍をやめ学校に入ったが、「ミスター山田詠美」であることに反発するかのように、妻と正反対の「可愛いだけの女」と次々恋に落ちた。山田も刹那《せつな》的なラブアフェアを重ねる。「自分が死んだら」と思うと怖くて子供が作れない妻に対して、夫は子供を望んだ。日本語の話せない夫に現実は過酷で、やがて彼はアルコールに走り、入院。毎日、夫を見舞う山田の救いは『A2Z』を書くことだった。病院から夫をアメリカの実家に連れ帰った時も、早朝に起きてペンを走らせた。

「人間の一番惨《みじ》めで哀しい姿がこんなにも愛しいなんて……。何度も思った。だめんずウォーカーを糾弾できない。でも、そういう人に何かしてあげたいと思うのは私が求めているから。やめられない関係ってみなそう。等関係だよ」

「芯はモロくて情に厚い」／編集者の喜ぶ顔が快楽／遍歴に終止符打つ新恋人

講談社の森山悦子は、泥酔した山田に「どうして相手を切ることができるの」と泣きながら詰問された。友人の小田由美は「詠美は傲慢だと誤解されがちだが、ただ恥ずかしがり屋なだけ。芯はモロいのに、みんなに頼られて。あんなに情が厚くて、優しかったら苦しいはず」と言う。渡辺や女友達はみな、同じことを口にした。

山田は七歳のときから抱いて寝ていたボロボロのぬいぐるみを、四十八歳の今も手放せない。でも、バカラのグラスは欠けると捨てる。好き嫌いや敵・味方が明快で、価値観がブレない潔さは魅力だが、「大切な人」への愛着は嗜癖《しへき》のように激しい。恋人と会いたい時に会えないと癇癪《かんしゃく》を起こす。自分のことなら聞き流すのに、友人の悪口を言われると椅子を振り上げ激昂《げきこう》する。自分の暮らしは月十万円もあれば賄えるが、両親に仕送りし、姪の学費を出し、「長男」の役目を果たす。

それは編集者に対しても同じだ。石原が角川書店を辞め、見城徹《けんじょうとおる》について幻冬舎へ行くと告げた瞬間、山田はその場で角川に電話して、連載を中止した。自分は「しまむら」の服でいいが、編集者には「私の担当が格好悪いのは嫌」とグッチの服を贈る。新潮社の小林加津子《かずこ》は、私生活で落ち込み、山田から「そんなんじゃ、一緒に長編やれないよ」と叱られ続けた。ある晩、呼び出された店に出向くと、「ハイ」と紙袋を渡された。『ＰＡＹ　ＤＡＹ!!!』の第一稿だった。

「最初の読者である編集者の喜んだ顔を見るのが、私の快楽。私は、すべては自分の欲望から始まっていると自覚している。それが私の小説の根本でもある」

去年、離婚届を出した。元夫とは時々電話をかけあう親友だ。恋の遍歴に終止符を打つことのできた恋人にも出会えた。次回作の構想は出来上がり、他に三本書きたいものがある。それを書くまで、両親が生きている間は生きていたいが、後はもういい。身辺雑記のエッセイが小説より売れるようになれば、筆を折る。

「私は何があってもいつも味方でいてくれる人を求めてきた。そういう人たちがいれば、脳内トリップして小説が書ける。小説を書かなきゃ私じゃないからね」

山田詠美は、フーッと煙草を吹かして、ガラス越しに激しく光る稲妻に目をやった。

『アエラ』二〇〇七年七月九日号掲載

俳優

夏木マリ

カッコよく
終わりたい

写真　初沢亜利

それは観客への迎合を排除した、嫉妬するほどの信念に貫かれた舞台だった。

五人の僧侶が唱える声明《しょうみょう》と呼応し、鍛えられた女の身体がゆっくりと、しかし緊張感を湛《たた》えて動いていく。その口からは、チリの作家アリエル・ドルマンの詩が五オクターブの音域に操られて流れ出す——六月某日、東京・渋谷のＮＨＫで、夏木マリはライフワークであるパフォーマンス「印象派」のダイジェスト版を披露していた。自分をメーンに据えた三日連続の番組録《ど》りの最終日のことだ。

初日、彼女は黒いドレスでシャンソンを歌っていた。二日目は、六〇年代の人気テレビ番組『ルーシー・ショー』のルーシーに扮し、「絹の靴下をはくと男運が悪くなるわ」と、観客を爆笑させていた。

「あれはほんとのこと。男運ないもん。私って大胆だよね。三日とも違うことしたくて、全部一日の稽古でやったんです。大変で死ぬかと思った。アッハハハ」

数日後、夏木は東京・神田にあるＰＮＦ研究所で、マン・ツー・マンの筋肉トレーニングを受けていた。ステージで酷使した筋肉をほぐし、柔軟性を回復させるためだ。東京にいる限り、週に二回はここに通う。他に毎朝四十分のウォーキング。マッサージ、エステ、鍼《はり》を定期的に受け、ネイル、ヘア、歯をケアする。

「それで時間とお金が消えます。本来は怠け者だからやりたくないんだけど、筋肉の質がよくないらしく、ちゃんとメンテしないと舞台に立てない」

体脂肪二二％、ステージに立つときは一〇％台に落とすという夏木が身に着けているのは、三千円の古着のジャケットに、「高くてセールでしか買えない」エルメスのパンツ。花を飾ったランバンのキャミソールからは胸の谷間が覗《のぞ》くが、セクシーというよりダンディー。芸能界一の洒落者《しゃれもの》という評判に違《たが》わない。目元と口元の皺《しわ》が表情を豊かに見せている。

夏木マリという名前を聞いて、妖しい指の動きで「絹の靴下」を歌う姿しか思い浮かばないとすれば、それはオジサンの証拠である。今の彼女は、「魔女か婆《ばばあ》役しか来ない」と当人はぼやくものの、演出家や音楽家に共同作業を切望される俳優である。一方で、ファッションから生き方まで彼女のスタイルを女性誌がこぞって紹介するほど、女性たちが憧れてやまない存在となっている。

自信や夢とは無縁だった／「あなたは苦労人ですね」宮崎駿はすぐに見抜いた

実際、夏木の女たちへの波及効果は大きい。大竹しのぶは、彼女の演劇に取り組む真摯《しんし》な態度に触発され、役者という職業の役割を再認識したという。写真家の安珠《あんじゅ》は、夏木のリサイタルを見て、そのあまりのカッコよさに終演後楽屋に飛び込み、「撮らせてください」と頼み込んだ。地方公演を終えた後の焼き肉屋では、香寿《こうじゅ》たつきが母親役の夏木に抱きつき、「顔も生き方もきれい。私もマリさんみたいになりたい！」と叫んでいた。

五十二歳で独身、子なし。コラムニストの酒井順子の言葉を借りれば、夏木マリとは、すなわち「負け犬のカリスマ」なのである。無論、負け犬には誰でもなれるが、カリスマには誰もがなれるわけではない。『千と千尋の神隠し』の湯婆婆《ゆばあば》の声を吹き替えたとき、宮崎駿《はやお》はすぐに「あなたは苦労人ですね」と看破したという。そう、カリスマさまはただの洒落者ではない。

七月の暑い日、夏木はワークショップを主宰するため、新宿のスタジオに姿を現した。引っ詰め髪に全身黒の忍者のようなスタイルで、ストレッチを始める。脚を頭につけるまでふり上げる。開脚する。足首にはイオン効果のあるサポーターがまかれている。そう言えば、最初に会ったとき、この人は「公演中の声を守るため」小さな空気清浄器をペンダントのように下げ、黒砂糖を齧《かじ》っていた。

「表現者にとって無意識は敵！」

「この身体は楽器」

「自分をいかに好きになるかが大事。コンプレックスを魅力に変えていくの」

二十三人の役者やダンサーを相手にディスカッションし、ウオーキングやダイアローグを指導する。五時間ぶっ通してのワークショップに嬉々として取り組む夏木の前には、真っ黒になった自筆の大学ノートが広げられていた。深夜こつこつ一人で書きためたこんなノートが、彼女の手元にはもう何冊もある。

「私が海外のワークショップに参加して、納得できたものをアレンジしています。教えるのはボランティアみたいなもの。私が演劇に救われたと思ってるから。私って、若い頃はおバカちゃんだったの」

夏木のおバカちゃん時代とは、身も心も自制しようがなかった二十代を指す。

小さな頃から、達成感とも自信とも夢とも無縁だった。母が評判の美人だったせいで、自分を美貌だと思ったことはない。むしろ、きつい男顔だと優しい顔に憧れた。何より少女の頃の夏木を戸惑わせたのは、初経を迎えて急にふくよかになった体だ。大きな胸と太い脚。脂肪がついた体はバカの証《あかし》のようで、跳び箱を跳ぶにも逆上がりをするにも重すぎた。

「清潔で真面目な性格なのに、あの顔にあのナイスバディ。本人はギクシャクしてました」と、中学時代、夏木の交換日記の相手だった石田君夫《きみお》は振り返る。

傷ついた心を隠しても／キャバレー回りの夕方、キュッと胃が痛んだ

歌手になってからは、外見と内面の乖離《かいり》は埋めようもなくなった。十八歳で本名の中島淳子でデビューしたとき、作詞家に旅館に連れ込まれ、レイプされそうになった。大人は信じられない。有名になりたいと願う中で絶望が始まっていた。再デビュー曲の「絹の靴下」は大ヒットしたものの、ノーパン、ノーブラのダイナマイトボディーが売り。同期の山口百恵や森昌子と並ぶと一人浮いていた。

「でも、私のイメージはそうなんだと思ってました。売れたい欲はあっても、こうなりたいという意志はなかった」

一年目に過労で死にかけた。事務所は、あわてて十万円の給料を一気に百万円に上げてきた。父は「やめて結婚しろ」と怒ったが、三カ月後に復帰。が、もはや旬は過ぎ、テレビの仕事はな

く、キャバレー回りの日々が始まる。夏になれば恒例のように、四つんばいになったビキニ姿で男性誌のグラビアに載るのが数少ないマスコミ露出。お金だけは入ってきたから、ベンツに乗り、毛皮を着て、ブランドものを買い漁った。八年間、消費と贅沢だけが快楽だった。

「デブだったから水着はヤでした。あの頃は、キャバレーの音合わせが始まる夕方になるとキュッと胃が痛んだ。生きててもしょうがないと思いながらやめられなくて。出たがりだし、意地もあった」

自我などないかのように振る舞うことで傷ついた心を隠していた歌手時代に、いい思い出はない。最も辛かったのは父を落胆させたことだ。

二十六歳のときに父が倒れた。父は商社マンとして高度成長時代を身を粉にして働きながら、病弱で生真面目だった故に会社では不遇であった。最後に親孝行したいと家賃六十万円のマンションを借り、六百万の家具を揃えて両親と弟を迎えた。だが喉《のど》を切開して声が出ない父は、「淳子の経済観念のなさにはびっくりした」と書き残して、死んでいった。享年五十八歳。当時の夏木は恋といえば不倫ばかり、ダイエットを繰り返しながら、シャツの前ボタンがちぎれそうなほど太っていた。

「私、確かに金銭感覚なくて。それが嫌でしたね。母の血です」

夏木は、取材中、「父の血」「母の血」という言葉を頻繁に口にした。

頑張ればああなれるのか／「インテリ好み」に変身し、死に物狂いで演劇の道へ

お嬢さんで育った母は、世間知らずだった。子供の頃から食卓には洋食が並び、きれいな服を着せられた。だが、「お金がない」と言われ、高校の修学旅行には行けず、大学進学も断念した。父の給料は少なくなかったはずだが、母がやりくりできずに借金を作っていた。娘が芸能界に入ると、母の金銭感覚はいよいよおかしくなった。今でも十分な仕送りはしているのに、母はお金が足りないと電話をかけてくる。

「私の一番の悩みは母です。あの血が流れてると思うとうんざりする。でも、神様は母を通して常識的に生きなさいと私に教えてるんだと思う」

しかし、若い頃の夏木は、自分の中の母の血を意識することさえなかった。

二十三年間マネージャーとして苦楽を共にすることになる砂田信平《しんぺい》が、はじめて夏木に会ったのは、彼女が二十八歳のときだ。お色気しか商品価値がなくなった歌手が、「週に四回はテレビに出たい。お金も欲しい」と条件を出してきた。本来なら仕事をするのはごめんだが、砂田は長年マネジメントした今《こん》陽子と別れたばかりで、タレントが必要だった。「夢も希望もなかった」

夏木も、拾ってくれるなら誰でもいいと彼の事務所に入ることを決めた。

この出会いが夏木を変える。

辣腕《らつわん》の砂田は、地に足のついた仕事をさせたくて、セミヌードの写真集で稼ぎながら舞台に立たせる作戦を立てた。移転した日劇ミュージックホールのこけら落としに夏木を出演させることにした。脱がないとはいえヌードの殿堂に出るには抵抗があったはずだが、彼女は頷《うなず》いた。

「マリの最大の魅力は潔さ。彼女は今のためにはすべてを捨てられる。男も、積み上げてきた仕事も捨てる。プライドも結婚も、彼女にはどうでもいいんです」

夏木は、砂田に連れて行かれたブロードウェーで衝撃を受けていた。舞台で輝く鍛えられた肉体は素晴らしくカッコよかった。頑張れば自分もああなれるのか。ミュージックホールは、キャバレーよりはましだろう。贅沢も脂肪のついた体も捨てたくて、ダンスと発声を習い始めた。

「ミーハーだから、できもしないのにカッコいいことやりたいんです。生まれてはじめて努力というものをしました」

人情味があって飾り気のない踊り子の世界は、芸能界で疲弊しきっていた夏木の息を吹きかえらせた。ダンサーの伊藤キムは、夏木を「信じられないほどさっぱりしてる」と語っていたが、彼女のそうした性格は、踊り子たちの生き方に感化されたところが大きい。

幸運にもミュージックホールの常連客に演劇人が多かった。五社《ごしゃ》英雄、小田島雄志《ゆうし》、渥美清らが舞台の夏木に刮目《かつもく》した。その中の一人に夏木に演劇の基礎をたたき込んだ演出家、里吉《さとよし》しげみがいる。里吉は「下手だが、初鰹《はつがつお》のように生き生きした」夏木に一目惚れし、自分の主宰する未来劇場へ招き、台本の読み方から動き方までを徹底的に教えてやった。

「動けないし、台詞《せりふ》も喋《しゃべ》れなかったけど、食いつきがよく、誰よりも稽古熱心。他の役者へのダメ出しまで書き込むから、あの子の台本はグチャグチャでした」

砂田が、夏木に毛皮やベンツを売らせ、ノーメイクにジーパン、車はシビックという「インテリ好みの女優」に変身させると、舞台の出演依頼が殺到した。市川猿之助《えんのすけ》、蜷川幸雄《にながわゆきお》、井上ひさし、鈴木忠志《ただし》、スティーブン・バーコフらが彼女をこぞって起用した。

「演劇は好きでも何でもないけど、褒められるからやり続けた。もう死に物狂いでした。恥かきたくない一心でした」

やりたいことをやって、清々しく生きたい／私には「印象派」がある

そのまま売れっ子女優であることに充足していたなら、恐らく彼女は今ほど屹立《きつりつ》した存在にはなれなかったろう。だが、ある時から、「生真面目な父の血」が疼《うず》きだした。

理屈ばかりで体も動かさず、稽古場でゴルフの話をしたり、稽古が終わって飲みに行く役者たちが許せないのである。自分は、家へ帰って明日の予習をしなければ追いつかない。観たい芝居があれば、多忙を縫い「見栄を張って」ファーストクラスでロンドンやニューヨークまで飛んだ。二十四時間芝居漬けになり、友達も恋人も去って行く中で、サラリーマンのような俳優にはなりたくないと焦燥感を募らせた。

砂田は、夏木にようやくアーティストとしての欲が出てきたのを感じ、ワルシャワ蜂起を歌うポーランドのエヴァ・デマルチクの詞を使いステージをしようと持ちかけた。当初、夏木は砂田の意図がよく理解できなかった。だが、偶然、独特の演劇的なダンスで知られるピナ・バウシュの舞台を見て、「あんなカッコいいことがやれるなら」と乗り気になった。

「印象派」の始まりである。

二人は、他の仕事は断り、「印象派」にのめり込んでいく。「事務所の屋台骨は傾き」クレジットカードが使えなくなったが、「野垂れ死にしてもいい」と突っ走った。イギリス、フランス、ドイツ、ポーランド。好悪をはっきり意思表示する海外で喝采《かっさい》とブーイングを同時に浴びながら、砂田の掌《てのひら》の上で踊っていた夏木が創作の歓びに目覚めていた。

「お金があっても幸せじゃないのを知ってる。それよりやりたいことやって清々《すがすが》しく生きたいと思った。父のように」

舞踊でも演劇でもなく、夏木の身体と声をいかに使い切るかが主題の「印象派」を、「東欧かぶれ」と切り捨てる人もいる。だが、鈴木忠志は「前衛精神が地をはらう時代に、芸能界出身の夏木マリにだけ前衛の精神が残っている」と評価する。

「人の意見も聞けと言いたいが、自分で企画を立て、体を張ってやっている。自己主張してる。日本では難しいことだ」

照明家の雑賀博文《さいがひろふみ》は、ポーランドで公演が突然中止になった朝、ホテルの周辺を黙々とランニングする夏木を見ている。

「舞台ではいつも傷だらけです。女優さんは照明できれいに見せて欲しがるが、彼女はきれいにこだわらない。ストレートな自分を見せて欲しいと言います」

日本のスター女優の多くは、若さや主役の座にとらわれ、葛藤している。だが、夏木は脇役も自分より年上の役も、楽しんで演じてきた。

「婆、大好き。だって婆なんだから、中途半端に若さにこだわると、仕事、来なくなるよ。私には印象派があるから、何やるのも怖くないんです」

「印象派」は夏木に目標と意志と情熱を与え、虚飾を捨てさせた。汗でメイクがとれた顔や、太い脚もハスキーな声も受け入れる。筋肉質の身体をつくりあげながら、心も鍛えていった。外見も内面も、父の血も、母の血さえ、その手でコントロールできるのだ。

「でも、男は寄りつかなくなりましたよ。自分を完成させるまで待ってくれと言ってる間に、誰もいなくなっちゃった」

　夏木は、すべてを捨てても打ち込めるものを手にした。しかし、彼女は近い将来、それをも手放そうとしている。あと一回、八度目の「印象派」を終えたなら、表舞台からフェイドアウトし、裏方に回る。目指すは演出家、求める活動場所は海外だ。子供っぽい日本の芸能界で生きるには、自分は不器用過ぎる。

「明日を信じられないから頑張れる。カッコよく終わりたいだけ」

　貯金ゼロ、持ち家なし。カリスマさまが欲しいのはお金でも名声でもない。ただ今を生きる充実感だけだ。

『アエラ』二〇〇四年八月九日号掲載

ジャズシンガー

綾戸智恵

はみ出しだらけの歌姫

写真　馬場磨貴

五月三十一日の東京厚生年金会館。この夜、ホールはオープニングから綾戸智恵のオーラに包まれていた。ジャズのスタンダードナンバーからビートルズの「イエスタデイ」まで、ジャンルを超えた選曲。ボリューム感あるハスキーな歌声は、力強く透明なピアノと一つに重なり合い、時に激しくシャウトし、時に優しくスウィングして、聴衆の心の扉を叩き続ける。

「まいどー」でトークが始まる。客席ににじり寄って、綾戸は語りかける。

「音楽はみなさんが作るんです。綾戸、歌え、きれい。その声が私を歌わせるんです。一緒に地の果てまで行きまっせ」

緞帳《どんちょう》が下りると、客席は一瞬静まり、たちまち興奮がみなぎった。瞼《まぶた》を赤く染めて椅子から立ち上がれない人がいた。

翌朝、綾戸の声は疲労でドからファまでしか出なかった。オーチャードホール、サントリーホール、厚生年金と東京でコンサートが続き、その夜は埼玉県入間《いるま》市民会館。ステージに立った綾戸は、一度声を失った五年前を思い出していた。歌えなくなった時、英語の手話通訳で食っていこうと頭を切り替えた。直後に、足に息子がアイロンを落とし、あつッと声が出た。ぞうきん絞るように、身体から声絞り出したらええねんわ。それから胸筋や腹筋を使い、横隔膜を響かせる発声法を習得したのである。

綾戸はあの頃のように身長一四七センチの華奢《きゃしゃ》な身体をひねり、顔を歪《ゆが》め、歌い続けた。声が、聴衆の拍手に呼応して息を吹き返してくるのがわかった。

一九九八年夏に四十歳で本格デビューした綾戸は、十枚目のアルバム『マイ・ライフ』まで計八十五万枚を売っている。インディーズ系レーベルのジャズ歌手としては異例の数字である。「あの凄《すご》さは誰にも真似できない」と専門家をうならせる歌声。酔っぱらった客に「おっちゃん、どうしたんや。なんか嫌なことあったんか」とメロディーにのせて語りかけ、携帯電話の音が響くと「電話やで。出たげや。かめへんよ」と歌いかけるステージング。「お味噌を使いきるように毎日を生きる」と、その口から連射されるアフォリズム。

ジャズを知らない人をも振り向かせ、ファンクラブには十二歳から八十一歳までの老若男女が二千五百人。「歌声を聴けば病気が治る」と噂され、今や自ら「瀬戸内寂聴《じゃくちょう》化」と認める状態に。四年前まで月四万円の母子手当をもらっていた身は、二〇〇一年度には一億二千万円を稼ぎ、高額所得者に名を連ねる歌姫となった。

「自分でもこうなるなんて予想も期待もせえへんかった。もし声が出なくなっても、もうええ。やめるわ。十分やった」

潔く言うが、一方「歌いたくてしょうがないねん」。裏腹な言葉は共に本音である。

綾戸は、しばしば聴衆に向かって「こんなんでよろしいんか?」と問いかける。喝采《かっさい》が時として不安になるのだ。

「私、駅前に並ぶ自転車倒すようなろくでもない人間やってん。お客さんに申し訳なくてしたことない努力するようになった」

綾戸の歌をはじめて耳にした人は、これほどの才能がなぜ埋もれていたのか、と誰もが同じ感想を抱いた。「私の人生ははみ出しだらけのぬり絵やねん」。はみ出すと排除される国で、四十歳までの綾戸は野生児のように自由で孤独だった。

「シッポ、生えてた頃を思い出すんや。悲しかったら悲しい、淋しかったら淋しいと歌うんや」

これは、綾戸が歌の生徒を指導する際の言葉である。彼女がシッポを退化させなかったのは、ひとえにその母、ユズルの教育の賜物《たまもの》だった。

ユズルはマリリン・モンローと同じ日に生まれた。敗戦で女専を中退、食糧庁に勤めていたが、二十八歳年上の家庭のある男性と恋をした。妊娠がわかると、「ハンドバッグみたいに子供が欲しくて」周囲の反対を振り切った。仕手株を始めていたので稼ぐ自信はあった。五七年、大阪で娘を産み、智恵と名づけ、男性の認知の申し出を拒んだ。娘には「シドニー・ポワチエのチエやで。黒人が差別されてる時代に主役する人やで」と教え、「生きてたらええことあるで。好きなことしいや。最後には私がいる」が口癖だった。

綾戸は、息子に自分が離婚した経緯を話して聞かせている。「子供の僕にそこまで言わなくていい」と言われるほど息子に隠し事がないのは、母がすべてを包み隠さず自分に告げてくれていたからだ。自身も母に嘘をついたら死ぬと信じていた。ただ、彼女は中三の時に亡くなった父について「ええ人やけど強くはなかった」と言う以外多くを語らない。ある時、TVで自分と同じ立場の有名人が父の思い出話をしていた。母はスイッチを切り、言ったのだ。「向こうの家に迷惑かかる。公の場で口にしてどうすんねん」

少女の綾戸は、阿倍野《あべの》のアパートに月に一度、十日ほど滞在する父を待ち焦がれていた。父が来ると食事が豪華になるのだ。父は「ゆうちゃんが一番。あんたは二番」と言い、綾戸が母を「クソババ」と呼んだ時には、「僕のハニーに何言うねん」と娘の頬《ほお》を張った。ジャズと洋画が大好きな両親を前に、ウインナーを葉巻のようにくわえ、リクエストに応えてピアノを弾くと、おひねりが飛んだ。

娘がテストで0点をとると、「えらい！　中途半端な点とるより難しい」と褒める母

アドリブは特技だった。耳が抜群によく、クラシックピアノを始めた三歳の頃から、一度聴いた音楽は瞬時にキーで再現できた。年間百回を超す綾戸のコンサートで、同じ曲順は一度としてない。綾戸にとってその日の気分や体調、聴衆の反応によって曲やアレンジを変えるのは当然のこと。山下洋輔《ようすけ》と競演した時にはその場で彼のピアノを真似て、「俺より山下洋輔だ」と驚嘆させている。

「英語も、幼稚園の時から聴こえたまんまをカタカナで書いて覚えた。中一の時には万博で外国人つかまえて喋《しゃべ》ってた」

幼なじみの荻野幸輔《こうすけ》は、中一の時、綾戸の家に遊びに行ったことがある。母親がショートホープをくわえ、短波放送で株式市況を聴きながら、「買いや、買い」と電話で証券会社に指示していた。中華料理屋でバイオレットフィズを飲ませてくれた。荻野に強烈な印象を与えたユズルは、娘がテストで〇点をとってくると、「えらい！　中途半端な点とるより難しい」と褒めるような母だった。娘が小三の時には、絵を描いて「ここ触られたら気ィつけや」と性教育、小六の娘に

三菱重工の株千株を贈った。綾戸は中学の入学式に、「何でも包めるわ」と嬉々として風呂敷を持参する少女に育つ。

ジャズへの志向がいつ頃から芽生えたのか。綾戸が十人目に辿《たど》りついたピアノの恩師である眞《ま》木利一《きりいち》は、中学生の綾戸が既にジャズピアニストを志していた、と証言する。水際立った着物姿の母に付き添われてやってくる少女は、嫌いな曲は決して弾こうとしなかった。が、溢《あふ》れんばかりの才能、センスがあった。「可愛い笑顔、憎たらしい口、素晴らしい頭の回転。今のまんまだもん。翻弄されました」。中三の綾戸は、眞木の紹介でジャズバーでピアノを弾き始めた。

高度成長時代の大阪。ミナミの会員制バー「マイクラブ」で、ダッコちゃんのような少女がピアノを弾いている。傍らにはいつも母が寄り添っていた。ユズルは娘をプロにしようとピアノを習わせたわけではないが、練習嫌いの娘が人前に出ると見違えるように輝くのを知っていた。綾戸が歌い始めるのはこの時期である。小学校から音楽の成績は一。声が低く、感じるままに歌うとメロディーもリズムも外れてしまうために音痴と言われ続けた。だが、客に言われて歌ってみると、ひどくウケた。「向こうの歌手のコピーで下手くそやったけど、子供のくせにお客さんと喋りながら歌《うと》てた」とは、当時の客、山中裕雄《やすお》の弁である。

高三の夏休み、綾戸は単身ロスへ飛ぶ。少女の頃からの「シナトラがいる国」への憧れが高じた結果だが、もはや日本ではシッポが異物になりつつあったのだろう。ユズルは、「よう出しはるわ」と周囲の批難を浴びながら、「強姦されそうになったらさせなさい。何があっても死んだらあかんで」と娘を送り出す。相場師の母には、子供は株より思いどおりにならないものだという悟りがあった。

しかし、ユズルは、渡したお金を全額持ち帰った娘の逞《たくま》しさには驚いた。娘は行く先々で知り合った人の家に宿めてもらい、公園で老人に指圧をするなどして滞在費を捻出《ねんしゅつ》。一方、ジャズクラブには裏口から無料で入り、有名ミュージシャンのステージに飛び入りして歌うなど、本場の音楽にどっぷりつかる時間も満喫していた。

ピアノの弾き語り、販売員やガイド、歌や英語の先生などをして日米を往復していた二十七歳の時に、乳癌《にゅうがん》検診で黄信号が出た。神戸の六〇平方メートルのマンションを、ローンが組めずに即金で買った直後だった。ニューヨークで内視鏡により左胸の腫瘍《しゅよう》を切除。「親でもどんな言葉もかけられへんかった」と母が回顧するこの時の体験が、自分のままで生きられる場所を求める綾戸に、NYで暮らすことを決意させる。

「生きることに執着持ち出してん」

綾戸は、二十代半ばには関西のジャズ界では知られた存在になっていたが、大阪のジャズ村では完全に浮いていた。インテリ意識が強い年功序列の世界では、奔放で、歌唱力があり、先輩にも「下手や」と遠慮のない歌手は嫉妬と排除の対象となった。追っかけの一人だった大槻望《おおつきのぞむ》がアメリカを好きな理由を問うと、綾戸はこう答えている。

「向こうでは、私はしょうもない女やと歌うと、太鼓がそんなことあらへんて言うてくれるねん」

移民の国アメリカで、コピーだった歌にいよいよ生命が吹き込まれていく。


「はよやり直して、次行きたかってん。逃げたんや。けど、負けたんちゃうで」


母に「勘当や」と反対されながら、美術館に勤める九歳年下の黒人男性と結婚したのは、NYのクワイアー（聖歌隊）でゴスペルを歌っている時だった。綾戸の左耳はよく聴こえない。鼻の骨も折れている。夫は些細なことで嫉妬し、暴力をふるう男だった。道で会った知人に挨拶しただけで殴られた。はじめて息子に授乳させた瞬間に、この子がいたら夫はいらんと決意を固める。結婚二年、三十三歳の夏に夫の留守に家を脱出、生後六カ月の長男イサを連れて日本に戻った。慰謝料も養育費も要求しない離婚だった。

「はよやり直して、次行きたかってん。逃げたんや。けど、負けたんちゃうで」

帰国後の綾戸に再び何でも屋の日々が始まる。大阪ではもはや歌う場所はなかったが、プロでやっていけるとも思わなかった。

「ずっと音楽と仕事は一致せえへんかってん。食べるために何でもやるのは当たり前。人間の義務や」

しかし、綾戸の魂から湧《わ》きあがる調べを誰も止められるはずはない。九〇年代半ばにはピアニストの南博《ひろし》の誘いで、東京や地方のクラブに出演するようになった。綿花畑で黒人が歌ったジャズの源泉を彷彿《ほうふつ》させる歌声、金沢では金沢弁、名古屋では名古屋弁を喋る綾戸のライブはねずみ算式に客が増えていく。多くの新人を発掘した内田修《おさむ》に出会い、彼の援助でプロデビューへの道が開かれようとしていた。綾戸の声に変化が現れたのはそんな時だった。声帯剥離《はくり》を起こしていた。

江崎正道《まさみち》の家に、「万事休すです」とカスカス声の綾戸が現れたのは九七年の秋である。江崎は、その数年前に神戸のライブハウスで「あんた、ここ座り」と客席を仕切るスキンヘッドのおばちゃんに会った。おばちゃんは歌手だった。江崎以外に母と息子しか客がいなくとも、全身全霊で歌う姿に鳥肌が立った。彼は綾戸を医者に見せた。「三年歌うな」と医者が言うと、「そんなんしたら干上がる」と綾戸は食ってかかった。年が明けると「声が出ました。デビューすることになりました」と、弾む声の報告が届いた。

野生児に相応《ふさわ》しく、綾戸はレコード協会に所属しない守崎幸夫《もりさきゆきお》の会社からCDデビューする。当時、守崎は「利潤より質を追求したい」と独立して二年足らず。大手レコード会社が蹴ったテープを聴いてすぐ、神戸に出向いた。「小さい会社だけれどやらせてください」「やってくれるのん?」。綾戸は契約書も読まなかった。それがすべての始まりだった。

守崎がはじめて会った頃の綾戸は、「言動は野卑、ビジュアル面は○点」だった。給食のおばちゃんと歌の先生で生活費を稼いでおり、お金がなかったのと、息子に早く会いたいために、東京と神戸の往復はもっぱら深夜バス。スタジオには金髪のアフロヘアにすっぴんのジャージー姿で現れて、そのくせ、食べ物を持ち込むことを許さない厳しさを持っていた。

ファースト・アルバムが発売され、ライブがスタートした直後、綾戸は、十日間の休みを利用して右胸にできた二つの腫瘍を摘出。十四針縫った傷を抜糸したその夜に、胸を押さえながら二ステージを歌い、弾いた。守崎は、「歌だけで食べられるようにしよう」とマネジメントを引き受ける。守崎の提案は、二枚目のアルバムが出た九八年暮れに早くも実現した。

「料理なんて作らんでええのに。チエちゃんは家事と仕事の両立にこだわって古いわ」

しかし、綾戸にとって、有名ミュージシャンと作った最初の二枚のCDは、「自分やなかった」。録音をリードしたピアニストの、これこそジャズだ、わかる人だけにわかればいいという姿勢が耐え難かったのだ。「だからトークの部分で自分を出したんやね。はい、こんなんでっせと」。その音楽を、あれはジャズではないと否定する人がいる。だが、綾戸には「音楽に主義はない」。そんな彼女を聴衆が、「ジャズ・ヴォーカルでは稀《まれ》なビッグな存在」（内田修）にまで押し上げた。業界では異端であろうとも、聴き手は自分たちを選別しない歌い手を愛したのだ。

九九年春に綾戸の人生を追ったＴＶドキュメントが放送され、娘の人気が一気に過熱すると、ユズルは顔を曇らせた。

「有名になることは自由を手放すことやで」「あんたより才能ある人でも、家でお皿洗《あろ》てる人がたくさんいてはるねんで」。ユズルには、脚光を浴びる喜びを知れば、ダメになった時に娘の苦しみは倍加する、という思いがあったのだ。

綾戸自身も「これで行ける？」「安定する？」と事ある度に守崎に訊ねている。彼女が、「これが天職」と口にするようになったのはここ一年だ。ビジュアル面も激変した。当初は「怖くて」アルバムジャケットに顔を出せなかったが、今はプロから盗み覚えたメイクにアニエスベーの服。「ベッドやなくトークを求める」若い男の子とデート。

「自分でもきれいになったと思うわ。昔はただのおばはんやったもんな」

綾戸は、人生を謳歌《おうか》してんねんと素直に喜び、「シミ、とりたいねんけど、ええとこ知らん？」

だが、おばはんの綾戸も健在である。開演のベルが鳴る二時間前、この歌姫は足裏シートを貼り、ユンケルをお飲みになる。スタッフがディスカウントストアで買ってきたものだ。正価で買おうものなら、「脳味噌どこにあるねん」と叱られることになる。楽屋に用意された菓子や弁当は必ずお持ち帰りになる。睡眠時間は二、三時間。七時に起床、徹底した家事の後、事務所へ。そこには完璧に整理整頓された姫の机がある。ペン立てはトイレットペーパーの芯三つをテープで結わえ、息子の写真を貼り付けたもの。電話番もトイレ掃除もお厭《いと》いにならない。

姫は、守崎をおっさんとお呼びになる。「おっさんが来《こ》えへんかったら仕事行かへんで」「俺に自由をくれ」「一億枚売ったら植毛したるがな」「綾戸、減俸」。事務所には、お互いに顔を見たくない時があるという姫と社長の掛け合いが続く。

この春、綾戸の長年の胸のつかえがとれた。五年近く不登校を続けていた息子のイサが、縁あって、屋久島《やくしま》の小学校に通い始めたのだ。

小さい頃からイサは「なんで僕だけ顔が違うのん」と、よく聞いた。綾戸は苛《いじ》められてるのも勉強やと考えたが、授業だけを重視する学校の方針には頷《うなず》けなかった。家庭教師をつけ、タップを習わせ、仕事場に連れて行きながら、イサが学校に行きたいと言うまで待とうと我慢した。けれど、忙しくなるにつれ愛情や配慮をお金で補うようになっていく。こら、あかんわ。そう感じた矢先、「給食を食べにおいで」と殺し文句を投げてくれる校長が現れたのだ。今、イサは里親の元で暮らし、鹿児島弁を喋っている。綾戸はかけたい電話をじっと我慢する。

「淋しいよ。でも、手放す痛さより学校行かない痛さのほうが大きかった。子供は親の持ちもんやないからね」

排除も差別も暴力も、自由でありたいという意志の前には何の拘束力も持たない。都会の中を野性のシッポをふりたてて疾走する綾戸の物語を、その母に締めくくってもらおう。

あの子の作る料理は段々不味《まず》なっててんねん。音楽のことしか考えてないからちがう？　料理なんて作らんでええのに、チエちゃんは家事と仕事の両立にこだわって古いわ。私は株だけやって人生を送りたい。闘いが好きやねん。でも、もうチエちゃんの稼ぎには追いつかれへんわ。かというて小遣いを貰うのは、自分で育てた鶏を食べるみたいなもんや。あの子の歌？　美空《みそら》ひばりのほうがそら上手いわ。

白髪のユズルが客席の片隅に座り、目を細めてスポットライトの方向を一心に見つめている。静寂の中にピアノの音が響く。綾戸智恵に神が降りてくる瞬間だ。

『アエラ』二〇〇二年七月八日号掲載

綾戸智恵

漫画家

萩尾望都

少女漫画が文学を超えた日

写真　鍛治壮一

埼玉県にある萩尾望都《はぎおもと》の家には、毎月三十冊以上もの漫画雑誌が送られてくる。萩尾はそのすべてに目を通す。好きな作品は三度は繰り返して読む。面識のない作家でも、作品を読めばその人の調子や心理状態が手にとるようにわかるのだ。「漫画家ですが、漫画ファンなんです」

その日の萩尾は締め切りを控えていた。日常の中の非日常を主題にした十六枚の短編。プロットを立て、ネームと呼ばれる台詞《せりふ》構成までに五日から十日かける。ここまでは萩尾一人の領域だ。それから描くために一週間、マネージャーとアシスタント四人、メシスタントと呼ばれる食事係が集合し、泊まり込みで仕事をする。

十二畳ある仕事場の真ん中には六つの机が並び、庭が見える出窓では猫が眠っている。六匹の猫たちは、捨て猫だった。

萩尾は丁寧に入念にペンを運んでいく。

「一枚描くと、もう手が動かなくて。でも、こうすればなんとかもつんです」

右手の親指と人指し指に三重のテーピング、右肘《ひじ》にサポーター。持病の腱鞘炎《けんしょうえん》が悪化している上、「描けるうちに思い切り描きたい」と細部にまで思い入れるため、下絵から完成まで、二十代の頃の倍以上の時間が必要になる。けれど、硬いペンがキューッと紙に入っていくときの気持ちよさ、思い通りの線が引けたときの快感は五十六歳の今も褪《あ》せることがない。

「漫画に全身全霊をかけている人です」

三十年来のマネージャー、城章子《じょうあきこ》は言う。

数日後、締め切り最中の萩尾が、雪が積もる八甲田山《はっこうださん》のホテルで「ゆきのまち幻想文学賞」の授賞式に出席していた。応募者の多くは審査員の萩尾目当てで、入賞者の中には母娘二代にわたる萩尾信者もいる。この受賞をきっかけに、ＯＬから作家に転身した榎田尤利《えだゆうり》は、小五で『トーマの心臓』を読んで衝撃を受けた。

「萩尾先生は私たちの基礎中の基礎！　何を書いても影響が出てしまいます」

2歳で絵を描きはじめる／顔まで登場人物そっくり／ＩＱテストで全校1位に

男女を問わず、活躍中の表現者には、萩尾作品に触発された人がたくさんいる。映画監督の佐藤嗣麻子《しまこ》は、萩尾に会うためにクリエイターになった。

「生きているとは何かをすごく考えさせられ、何をやってもいいんだと教えられた。日本の女の子の感性を高めるために、神様がつかわして下さった人です」

萩尾を語るとき、誰も彼もが熱に浮かされたようになる。

小学館によれば、現在発行中の漫画文庫約千点で最も売れているのは、萩尾の『11人いる!』。性別未分化のフロルが登場するこの作品は、三十年間に五回出版され、六回目の文庫だけで三十五万部。少女漫画が文学を超えた記念碑的作品『ポーの一族』は累計三百五十万部。ロングセラー作家にして大家、漫画の神様・手塚治虫《おさむ》と並び称される。だが、当人の自己評価には世評と大きなズレがある。

「メジャーなものは描いてませんから。私、基本は、マイナーな人ですから」

一九四九年、団塊の世代に生まれた萩尾の核にあるのは競争社会への忌避と、そこに入っていけない異端者の孤独だ。

「誰の人生にも辛いことはあるけれど、強い人は全部のみ込んでいく。私はそれをゴクンとのみ込めなくて。のみ込めないものを漫画に描き続けてきたんです」

復興期の炭鉱町、福岡県大牟田《おおむた》に育った萩尾は戦後の民主主義と学歴信仰の矛盾をまともに浴びた。物心ついた頃は三池《みいけ》闘争の渦中で、町はホワイトカラーとブルーカラーの二つに割れていた。父の浩は三井三池炭鉱の関連会社に勤め、労働者の長屋に対して、庭のある一軒家の社宅を与えられていた。が、幼い頃に両親をなくして、優秀な成績にもかかわらず大学に行けず、出世競争からは取り残されていた。社宅では、専業主婦たちが夫の地位や子供の成績、生活ぶりを張り合う。夫の無念を共有する母の淑子《としこ》は「人間は平等」と言いながら、「成績の悪い子と遊んじゃダメ」と禁じた。

二歳で絵を描き、四歳で漫画や本を読み始める。夜、浩が弾くバイオリンに合わせて、子供たちが「かぐや姫」や「雪の女王」ごっこをするとき、誰がどの役をするかを決めるのは萩尾だった。指人形を使い、作り話を家族に聞かせた。内弁慶で、外に出ると一言も喋《しゃべ》れなかった。体も小さかったので、幼稚園ではいじめられた。家に帰って、ワラ半紙を十六に折り、捨てられた女の子が最後にはお姫さまになる漫画をそこに描いた。

「そうして自分を慰めるんです。漫画を描いてるときは顔までキャラクターになりきります。創作世界は一から十まで自分で動かせ、解決がつけられるんです」

小学校に上がると、ワラ半紙はノートに替わった。表側からと裏側から違う話を描いたノートが三十冊。小遣いはすべてノート代に消える。母が「漫画は頭の悪い子が読むもの」と叱るので、漫画を読むのも描くのも親に隠れた行為だった。

「おかげで、ことごとく学校や家の規範からズレていきました」

「いつも百点とりなさい」が口癖の淑子には、遅刻や忘れ物が多く、漫画や本に熱中する頑固な娘は心配の種だった。萩尾は、集中すると何も見えなくなり、聞こえなくなるが、それは子供の頃からの習癖で、学校でも家でも「へんな子」の烙印《らくいん》を押されていた。IQテストで全校一位になっても勉強には関心が持てず、夢もなかった。大学へ進学するのは末の弟だけ、三人の娘には「いい大学を出た人のお嫁さんになれ」という親の価値観は、当時の九州では普通だったが、少女の向上心の行き場はなかった。

「父のような優しい人と結婚し、母のようにはなるまいと思っていました」

裏表のない純粋な少女／手塚との出会いでプロへ／デザイン学校で成績優秀

漫画家のはらだ蘭《らん》は、船津《ふなつ》中学一年のとき、「漫画を描いてる、変わった子がいる」という噂を聞き、隣のクラスの萩尾に会いに行った。貸本屋の漫画やＳＦを全部読んだという萩尾は人との距離がうまくとれなかったが、裏表がなく、純粋だった。二人は休みになると、教室や職員室で漫画を読み、漫画を描いて貸本雑誌に投稿した。

「そのときから、世に出る人だと思ってました。絵が突出して上手く、漫画家以外に何になるの？

という感じだった」

当時の萩尾は、母の期待に沿えない落ちこぼれの自分にどんな存在価値があるのかと鬱々《うつうつ》としていた。高二で就職クラスに入った頃、手塚治虫の『新選組』と出会う。不条理な現実に葛藤し、古い日本を捨てアメリカに旅立つ主人公に自分が重なった。漫画はここまで表現できるのだ。プロになろうと決めた。体中の細胞が覚醒していくようだった。

高三で、はらだに誘われ、同人誌「キーロックス」に参加。高校卒業後、はらだはすぐに上京し、萩尾は福岡のデザイン学校に通う道を選ぶ。「お母さんの反対なんか気にせず、自分の好きなことをすればいい」とはらだが言うと、萩尾は「でも、お母さんだから」と口ごもった。

デザイン学校では優秀な成績だった。お洒落《しゃれ》な生徒の多いファッション科の中で、二年間、白いブラウスにグレーのスカート姿で通した。当時の萩尾にはファッションは漫画のキャラクターに着せるもので、自分のためのものではなかった。

錦を飾るまで帰らんと／多士済々の大泉サロン／衝撃作を次々と発表する

往復二時間かけて通学し、家に戻ると母に言いつけられた家事をすませてから漫画を描いた。

出版社に送った原稿は片っ端からボツになる。支えははらだから贈られたヘッセの本だった。表現者は自分と対峙《たいじ》することを何者にも妨げられることはない、とそこには書かれてあった。

六九年、講談社の『なかよし』でデビュー。原稿料が十八万円たまった二十歳の秋に、念願の東京暮らしを始める。浩も淑子も娘を都会に出すつもりはなかったが、編集者の河井信《まこと》が大牟田に来て「失礼ながら、ご主人の給料以上の収入になります」と、保証してくれた。

淑子は娘が巣立った雨の日をよく覚えている。「いつでも帰って来んさい」と言うと、娘は「錦を飾るまで帰らんと」と男の子のような台詞を口にした。萩尾は、もし芽が出なければ洋裁店でスカートの裾上《すそあ》げをしながら同人誌で描いていこうと決めていた。

萩尾が講談社で仕事をした時間は短い。河井は、当時新入社員で、少女漫画に関心も愛着も持てなかったが、萩尾の作品は型にハマっていなくて、いいと思った。けれど、持ち込まれる原稿はどれも未完でわけがわからず、小学三年生が対象の『なかよし』には難しすぎた。この夏、定年を迎える河井にとって、萩尾を講談社に引き止めることができなかったのは編集者生活最大の悔恨だという。

小学館の『少女コミック』の編集者だった山本順也《じゅんや》は、竹宮惠子から萩尾を紹介されたとき、ワラ半紙に描かれた三十ものボツ原稿が宝の山に見えた。少女漫画では後発の小学館は、新しい描き手を欲していた。「枚数はいくら少なくても、毎月仕事が欲しい」と萩尾は言った。

「萩尾に好きに描かせれば、何か時代が作れるかもしれない。それは読者が決めるだろうと思っていました」

山本のもとで仕事を始めた萩尾は、たちまち真価を発揮する。深く繊細な心理描写、柔らかで透明感のある線、リアルな物語。しかし、アンケートと呼ばれる人気投票の順位は低く、山本は「文学作品作るんじゃないんだから」「暗いから切れ」と、周囲に言われ続けた。

上京した萩尾は、練馬区大泉の長屋で、竹宮らと暮らしていた。そこは、少年漫画より一段低く見られている少女漫画を革新したいという熱気をはらんだ共同体で、ささやななえや山岸凉子ら漫画家が集い、マニアが寝泊まりしていた。マネージャーの城もその一人だった。互いにアシスタントをし、レクリエーションで絵を描き、本を読み、徹夜で漫画論義を戦わす。萩尾だけが早々と寝て、喋らず、自分の描きたいものを描いていた。

その頃、こういうテーマで描けばいいと助言してくれる人もいた。けれど、萩尾は、漫画の世界だけは誰にも支配されたくなかった。後に、山本が新雑誌を創刊したとき、萩尾に対して強引に執筆を迫ったことがある。萩尾は、絶縁状を寄こした。山本は「編集者の驕《おご》りを諫《いさ》められました」と振り返る。

早くから、萩尾は朝の光も夜の帳《とばり》もこぬか雨も深い森の緑も、目で見たものをそのまま絵にできた。プロデビューした城が五年でマネージャーに転じるのは、アンケートに追い立てられる重圧に耐えかねたからだが、自分が三時間かかる一枚を萩尾が数分で描くのを目の当たりにしたことも大きい。城は嘆息する。

「漫画は、こういう人が描くものだと思いました」

七一年、今に至る少女漫画の大きなジャンル、少年愛の嚆矢《こうし》となる作品『11月のギムナジウム』を発表。三百通のファンレターが舞い込んだ。萩尾は、描きながら主人公が自分の分身であることに気づき、少年を主人公にすると自由に描けることを発見した。これまで、破天荒な少女を描くと読者の評判が悪かった。自分も、男の子に頼る可愛い女の子というステレオタイプを出ないキャラクターを造形してしまいがちだった。

「自分で女の子はこうであらねばと縛っていたと、指が教えてくれました。作品を描くことは考えること、考え続けることで解放されてゆきます」

デビューした当初、編集者は男性ばかりで、少女漫画家を女子供扱いする人が多かった。自分が男なら、親は漫画家になることを反対しなかったのではないかという思いは強く、性差は不自由な枠組みだった。萩尾は「少年」「SF」「外国」という設定を使い、現実から飛翔する。同時期、団塊世代の少女漫画家たちは性別システムを問い直す秀作を次々発表、少女たちの意識や恋愛観に地殻変動を起こしていく。それは一つの革命であった。

二十二歳で描き始めた『ポーの一族』は、人間社会から忌むべき存在として弾《はじ》き出され、永遠の時を生きる吸血鬼の少年、エドガーの物語だ。自身を仮託したこの作品は少女漫画としてはじめて単行本化され、初版三万部を三日で売り切り、潰《つぶ》れかけていた印刷所が立ち直った。二十五歳で『トーマの心臓』を発表。萩尾は大島弓子や山岸凉子ら、少女漫画を完成させた「花の24年組」の代表格と称された。

少女漫画は男性読者をも獲得、文化人たちがこぞって批評の対象にした。

萩尾は、有名になることには関心がなかったが、これで親が認めてくれるかもしれないという期待はあった。新聞や雑誌に載ると両親は喜んでくれたが、そのあと「結婚しなさい」と迫った。大正生まれの親にすれば、子の幸せを願う必死の親心だった。小学館の山本も、漫画家たちの親から「仕事はもういいから、お婿さん探してくれ」と懇願されていた。

親を切る覚悟で会社を潰す／イグアナの娘は誰だった／異端のしんどさを武器に

二十八歳のとき、定年になった浩を代表にして会社を作った。浩は毎月、経理業務のために上京したが、その度に仕事場が混乱した。時に淑子もやってきて、あれこれ指図する。アシスタントがやめた。萩尾の抗議に、淑子は「親をないがしろにするなら漫画をやめなさい」と怒った。

結局、あるがままの自分は受け入れられないのだ。二年後、休筆し、親を切る覚悟で会社を潰した。

「人生で一番、人を憎みました」

それから、親との関係を見つめるため心理学の本を繙《ひもと》いた。見えてきたのは、自分が母にそっくりだという事実だ。勝ち気で頑固。アシスタントを叱るとき、マシンガンのように罵倒してしまう。それは母の叱り方だった。内なる親から解き放たれるために、親殺しをテーマにした『メッシュ』を描き上げる。母と娘の葛藤を描いた『イグアナの娘』を発表したのは四十歳を過ぎてからだ。家族関係に窒息しそうな〝子供〟たちが共鳴した。『イグアナの娘』を読んだとき、淑子は「ははぁ、やったなぁ。描かれちょるな」と思ったという。淑子がことさら厳しい母だったわけではない。「生産性の高い子供を育てる」という近代日本が母にあてがった役割を、淑子は忠実に守ってきたのだ。福岡の実家には、萩尾が小学生のときに描いた油絵や作品が飾られていた。

新旧交代が激しい少女漫画界で、萩尾は三十五年以上、「特別な作家」としてラディカルに時代を切り開いてきた。だが、自身は三十歳前後から自分の感覚が古くなっていくのを感じた。どうすれば乗り越えられるのか。自己模倣を固く禁じた。カルチャースクールに通いデッサンを勉強し直し、手塚治虫を読み返した。アシスタントが悲鳴を上げるほど、絵の完成度にこだわった。物語世界は広がり、作風も絵も新しくなっていく。

「創作とは、古い世界や古い自分を壊し続けることです」

結婚をせず、子供を産まず、漫画を描いて生きてきた。現実社会でも少しは楽に呼吸できるようになったが、自分がこの世界の中心から外れた場所にいるという淋しさが消えることはない。

「でもね、異端のしんどさは時に武器になる。みんな、そのしんどさを胸に掲げて生きればいい。世界は変わります」

かつて萩尾が手塚治虫やヘッセに導かれたように、少女たちは萩尾望都に出会い、人生の重い扉を開いていく。誰もが、その心の内にエドガーの孤独を抱えている。


『アエラ』二〇〇六年五月一日・八日号掲載

2
女が動かす

ダイエー元会長兼CEO

林文子

経営にジェンダーはない

写真提供　横浜市

ダイエーの会長兼ＣＥＯ（最高経営責任者）に就任してから人前に出る機会が増えて、林文《ふみ》子《こ》の服代は跳ね上がった。彼女の戦闘服はキャリア女性らしいカチッとした型のスーツでもなく、女性政治家が好むド派手な色のスーツとも違う。高額所得者の妻御用達の超ベーシックエレガンス、西田武生《たけお》の淡い色合いのスーツである。行きつけのヘアサロンでは、「きつくしないで。ソフトに」と念入りに注文をつける。

「私にはキリキリした勝負服などいらない。ふんわりしていればいいんです」

新生ダイエーの命運を握る実験店「フーディアム三軒茶屋」がオープンした朝も、林は薄緑色の西田武生を着て、社長兼ＣＯＯ（最高執行責任者）のダークスーツ姿の樋口泰行《やすゆき》と並んでいた。この店は新しいロゴで飾られている。従来の力強さを強調したＤマークと一八〇度違う蝶々《ちょうちょう》のようなハートマーク。五十九歳の林と、四十八歳の樋口が大ブーイングを押し切り決定した。二人は報道陣にもみくちゃにされながら店内を巡回、夫婦《めおと》漫才のように呼吸の合ったところを見せていた。

二〇〇五年四月に顧問として籍を置いて以来、林は七十店以上の店を回ってきた。林が売り場に顔を出すと、老朽化した店内もパッと華やぎ、女性客やパートの女性が駆け寄ってくる。林は手を握りながら、「これからもダイエーをお願いします」「何年勤めていらっしゃるの。まあ、三十年！　素晴らしいわね。ありがとうございます」と頭を下げる。パーティーや講演先でも相手の体に軽く触れながら、臆面《おくめん》もなく褒めまくるのが林流である。創業者の中内功《いさお》が「北風と太陽」の北風型だとすれば、林は完璧太陽型。店長会議で林のスピーチを聞いた店長たちが涙を流し、林が巡回した店の売り上げは上がるという逸話が、すでに社内で流布している。樋口は「パートさんの人気は絶大。僕はかないません」と苦笑する。

セールス伝授本が好調／お飾り的存在だったが辣腕に評価が一変した

社外でも林フィーバーが起きている。取材依頼は一日四、五件、取材者は五分も話せば林ファンになる。出版申し込みは「岩波と文春以外みんな来たわよ」。セールス方法を伝授する初の著書は女性読者をつかみ、ビジネス書としては異例の十二万部。女性経営者に与えられる賞を次々受賞、講演では、高卒のＯＬから巨大企業の会長にまで上り詰めたシンデレラストーリーを巧みな話術で語り、笑わせ泣かせる。東京での会合に、広島からやってきた女性経営者は興奮ぎみに言う。

「私たちの希望の星。会いたくて、会いたくて。元気をもらいに来ました」

産業再生機構の支援下で再建中のダイエーの陣頭指揮を執るのが、林と樋口の二枚看板だ。二トップ制について、林の役割は「新生ダイエーのシンボル」「沈滞化した社内の元気づけ」であり、実際に経営の舵取《かじと》りをするのは「実務にたけた」社長の樋口だと、説明されていた。

その意味では林の起用はまさに的中したわけだが、当初は内野も外野も、女性の林をお飾りのチアリーダーととらえていた節がある。ところが、林が「エリート社長とはまったく違うものをまき散らして」登板した途端、評価は一変した。

産業再生機構の松岡真宏《まさひろ》は、再生計画案をまとめたリーダーで、ダイエーの取締役としても名を連ねる。彼は、すぐに林が百戦錬磨の辣腕《らつわん》だと気づいた。

「人の評価が速くて的確、厳しく合理的な判断を下す。経営にジェンダーはないと痛感させられました」

取締役会は再生機構、支援企業、生え抜き組から成る八人の混成部隊で、会議は議長である林のもとで進められる。「いつも、ありがとうございます」から始め、「同じ日本語を喋《しゃべ》っているとは思えない紛糾した取締役会」を林はスピーディーにまとめあげる。中内㓛が死去したとき、取締役会では社葬をやるべきではないかという声が起こった。「国のお金を使って再建中なのだから、できないこと」と断を下したのは林だった。

今や誰もお飾りだとは思わない林に、企業という男性社会の中で生き抜いてこられた理由を訊ねた。

父不在の寂しい少女時代／夫もあきれる仕事好き／「人たらし」キャラ全開

「仕事がほんとに大好きなの。それと忍耐強いの。私の人生、忍耐に尽きます」

戦後はじめての端午の節句に生まれた林は、築地の青果市場の競り人だった父の文化を色濃く受けて育った。歌舞伎や演芸や映画など芸能好きで、メンコや野球が得意、男の子とケンカをしても負けない勝ち気な少女だった。だが、伯母一家と同居で従兄弟からひどく苛《いじ》められたことと、父が母を殴るのが辛かった。小学五年のとき、父は恋人のもとに出奔し、林が二十二歳になるまで十一年間戻らなかった。

「伯母の家を出られたときの解放感は忘れません。別に父を恨みませんでした」

だが、父の長い不在が多感な少女を傷つけなかったはずはない。母と暮らす六畳一間のアパートは裸電球一つで、テレビも冷蔵庫もなかった。母は工場で昼夜働き、林は「野放し状態」。近所の家でご飯を食べさせてもらい、貰い物のセーラー服で中学時代を過ごした。弁舌爽やかな生徒会の副会長は、誰の目にもひどく大人びていた。林の経営思想は「人が好き」に尽きるが、彼女の人の心にスルスル入っていくコミュニケーション術は、恐らくこの時代に身につけたものだ。

人恋しくて浅草や銀座をうろつき、演芸や歌舞伎を観た。今も林はストレスがたまると劇場に出向くが、舞台は一時現実を忘れさせてくれる魔法の場所だ。少女の林は、劇場に通うために母から渡された昼食代を貯め、小五のときから休みになると工場やお茶汲《く》みのバイトに励んだ。働けば好きな場所に行け、好きなものを買え、そして何より孤独が癒やされる。だから奨学金で高校を卒業すると、進学ははなから諦め、就職した。

「やっぱりお金を稼ぎたかったから。求人案内も給料の高いところだけ見てた」

競争率八倍の難関を突破して、花形企業の東洋レーヨンに入社。しかし、六〇年代半ばの日本企業では、女性は「五年で結婚退社するのが慣例」で「可愛いのがすべて」だった。林は「女の子」としか呼ばれず、使い走りをさせられることに惨《みじ》めさを募らせる。四年半後、求人欄の「秘書」の文字に飛びつき、松下電器に転職した。このときの林にキャリアを積みたいという向上心があったわけではない。入社三日目、五つ年上の技術者に一目惚れ、半年で結婚退職するエピソードは、林の講演で爆笑が起こるくだりだ。

「ちっとも目覚めてない女の子でした」

夫の義弘は、昼休みにハイヒールをはいて男子社員とキャッチボールする林に惹かれた。義弘が鮮明に覚えているのは、林が彼のハゲた上司に毛生え薬の広告が載った新聞を差し出した場面だ。怒らせたらどうするのかと義弘はハラハラしたが、上司は笑って受け取った。人の気持ちのうかがい方が凄《すご》かった。

「人懐っこくてお節介で、結婚式にバス停で知り合った人まで招いてました」

結婚後、「やめろよ」と夫に言われて林は家庭に入ったが、すぐに仕事を探してきて働き始めた。「思ったことはやってしまう」妻の性格を知る義弘は「しゃあないな」と、思った。義弘の母も、魚屋を夫と共に切り盛りする働く女だった。以後、義弘はことある度に「しゃあないな」と自分を納得させることになる。

「結婚した頃は情緒不安定でね。一日に何度も主人の職場に電話かけちゃうの」

林は当時を振り返る。新しい庇護《ひご》者の登場が、少女の頃の見捨てられた不安を思い出させたのだろう。農協や町工場のバイトを転々としながら、好きな人と暮らすパート主婦の生活に満足していた。住宅展示場でバイトをしていて、営業マンの留守に接客し、三軒の家を売ったこともある。だが、二十代の林はまだ野心とも自信とも無縁の世界にいた。

林の転機は三十一歳で訪れる。車を購入し、営業マンの仕事を見たとき「これなら私にもできる。男女差はない」と閃《ひらめ》き、近くのホンダの販売店に押しかけたのだ。女性は採らない時代。懇願の末、やっとのことで念願の名刺を手にした林は飛び込みからスタートする。誰にも教えられないまま一日百軒回ることを自分に課し、生来の「人たらし」キャラを全開していった。

初年度は八十台、その後年間百四十五台の記録を打ち立てるトップセールスへ。

「自分に能力があるとわかって、ものすごく自信を持ちました。女の人が上にいけないのは、自分を客観的に見る機会がないからです」

営業は恋愛と同じだった。数字の上昇と比例して、林は仕事にのめり込んでいった。

「もう帰ってこないんです。どうなるのかとケンカもしましたけれど、一生懸命なので多少の不満はのみ込みました」と義弘は言う。

体を壊し外資に転職する／営業エリアにＢＭＷ氾濫／人を大事にする経営手腕

後に養女を迎えるが、夫妻には子供ができなかった。義弘は、八年の単身赴任の時間があったので夫婦仲がもったのかもと、本音を隠さない。彼には、時折、深夜に狂ったように掃除をする妻が、自分に申し訳ないと思っているのはわかっていた。自称「古い女」の林自身は、夫が定年を迎えるまで、家事ができないことへの後ろめたさから解放されることはなかった。

「ここ数カ月ですよ。お風呂の水いれてと主人に頼めるようになったのは」

四十一歳でＢＭＷに転職するのは、体を壊して「働き方を変える」必要に迫られたからだ。外資は休日が多かった。女性に閉ざされていた門戸は、「私を雇うとこれだけのメリットがある」と書いた手紙でこじ開けた。男性営業マンの「女に高級車が売れるか」という冷ややかな視線を浴びながら、またもトップセールスに。三十年の間に林から二十一台の車を購入した松井美穂子は、林の営業エリアのたまプラーザにＢＭＷが氾濫《はんらん》した、と証言する。

「仕事が速くて、誠実でいたれり尽くせり。しかも、お喋りしていて楽しいの」

第二のターニングポイントは四十四歳のときだ。「トップセールスを続けるか管理職になるか」と会社に聞かれ、年収が三百万下がるのを承知で管理職を選んだ。

「一千万円ぐらいまでもっと欲しいと思うけれど、それ以上はマヒする。あるときからお金は関係がなくなるの」

林が求めたのはお金ではなく、仕事の快楽だった。管理職になって「人を動かす」醍醐味《だいごみ》を知り、耽溺《たんでき》した。義弘は、家にファックスで送られてくる売り上げ報告の数字を飽きずに眺める妻を見て、「好きだなあ」と半ば呆れていた。

四十七歳で女性初の支店長に抜擢《ばってき》され、最下位だった二つの支店を続けて最優秀店に導いた。花や絵を飾ったショールームで能やコンサートを開く「おもてなし」が功を奏したのだが、基本は社員のやる気の引き上げ。「部下だった時代に上司にやってほしかったこと」をすべてやり、労を惜しまず部下と一緒に営業に回った。

「実績を出させるのが一番。ノウハウはどんどんあげて、幸せにさせちゃうの」

大きな組織では危機的状況にならないと女に経営のチャンスは来ないが、林のステップアップにもすべてこのセオリーがあてはまる。九九年、「女性でガラッと気分を変えたほうがいい」というイギリス人トップにスカウトされ、立て直し途上にあった独フォルクスワーゲンの販売子会社の社長に就任。四年で、売り上げを倍増させた。

「ホスピタリティーが大事。人を大事にする人でないと経営をしてはいけない」

こう本人が強調することもあり、林の経営手腕については人心掌握術ばかりが取り上げられる。が、それだけではない。

「組織や給料体系の見直し、人員整理など基本的なことは全部やってるわよ」

過大な設備と誰もが首を傾《かし》げた大規模サービスセンターを開設し、老朽化した本社移転のために、抵当権の複数入った土地を持つヤクザの親分に談判に出向いた。短気で部下をよく叱ったが、仕事を命ずるときは「任せたからやりなさい。責任は私がとります」と後押しした。しかも、取材に来た相手に五分で車を売って、営業の神様たる力量を見せつける。

「権限委譲ができ、フォローできる。あれほど腹の据わった人は男でもいない」

元部下の岸田久教《ひさのり》は、女性社長に戸惑った社員も林教徒になったと述懐する。

しかし、快進撃を続ける林にも苦悩はあった。男たちの嫉妬である。二度怪文書が流された。トップセールスになって以来、無視や会議の書類を回してもらえない嫌がらせは日常茶飯事。セクハラもあったが、仕事でそれを撥《は》ね除《の》けてきた。組織のトップに立ってからは、取材や「立て直しの方法を教えてほしい」と人が殺到する人気者の林を、同列以上の地位にいる男たちは決まって押さえ込もうとした。具体的な話について林は口をつぐむが、こんな言い方をした。

遂に日本企業から打診／断崖絶壁に立つ企業を再生する魂が疼きだした

「女は強く出たら絶対つぶされる。男性には包容力を持って、サポートしてあげるという姿勢でいけばうまくいきます」

林が尊敬してやまないのは「辛抱して辛抱して天下を取った徳川家康」と、「知的で、優しい美智子さま」である。

ダイエーのスポンサーになる投資会社アドバンテッジパートナーズの岩本朗《あきら》は、入札前、トップ候補を探していて、意見を聞くという名目で何人もの女性経営者に会っていた。その中に、BMW東京の社長に転じて一年たらずの林もいた。

「ダイエーは再建できますか」と聞くと、林は「間違いなくできます」と答え、三時間にわたって意見を開陳した。話しぶりはアグレッシブで、内容は示唆に富み、新鮮だった。帰り道、同行した同社の代表、笹沼泰助《たいすけ》は「生涯記憶に残る日になるかもしれないな」と呟《つぶや》いた。

林は、自分を抜擢したのはすべて外国人で、日本企業が女性トップを受け入れることはないと思っていた。だから、「やりませんか」と言われて嬉しかった。当初、林は社長候補で、それを産業再生機構が「ディーラーの女社長に巨大企業は動かせない」と蹴ったという説がある。真相は藪《やぶ》の中だが、その頃、林は複数の国産自動車メーカーから役員にと誘われていた、と近い人は言う。林が業種の違うダイエーを選択したのは、ポジションが経営者だったからではないか。

「会社をまとめるのは最高です。好きにやれるのよ。責任を引き受けるのは、マゾみたいだけれど活性化します。面白くってたまらないの。やめられない」

お飾りと見られることはわかっていたのかという質問には、直接答えなかった。

「世間がどう見ようが関係ない。事が上手くいけばそれでいいんです」

女がキャリアの将来像など描きようもなかった時代と場所にいた。懸命に働き、眠れない夜も過ごした。気がつけばガラスの天井をぶち破り、働く女性の指導者《メンター》と称賛される。そんな林文子に用意された晴れ舞台が、寒風吹き荒れる断崖絶壁に立つダイエーだ。産業再生機構が株を所有できるのは三年、林に許された時間は二〇〇八年の二月までで、あとはない。

「再生計画がよくできてるし、取締役チームは優秀。もちろんいろいろあります。でも、問題が起きると、私、来た、来たって思うの。今まで数々辛い目にあって乗り越えてきたんだから、これからだって私は乗り越えられる。何も怖くない。大丈夫、絶対再生します」

『アエラ』二〇〇六年一月十六日号掲載

演劇プロデューサー

北村明子

芝居の魅力を
教えましょう

写真　馬場磨貴

演劇評論家の天野道映《みちえ》は、三月、草彅剛《くさなぎつよし》主演の菊池寛作品『父帰る／屋上の狂人』の二本立てを観て、舌をまいた。大劇場でも満杯にできる人気者を二百四十人収容の小さな劇場に立たせ、脇には腕のある俳優を揃え、美術は斬新。黴《かび》が生えていた戯曲が見事に生き返っていた。

「プロデュースそのものが芸術的だった。あんなこと、あのプロデューサーしかやらないよ」

あのプロデューサー、北村明子は元女優。「興行は水物」の世界でこれまで手がけた公演がすべて黒字という凄腕《すごうで》だ。六月上演の『ヴァージニア・ウルフなんかこわくない?』は、アメリカを代表するオルビーの作品を旬のケラリーノ・サンドロヴィッチが演出、俳優に大竹しのぶ、段《だん》田安則《たやすのり》、稲垣吾郎、ともさかりえを揃え、まるでロイヤルストレートフラッシュのような顔ぶれだった。九月には、演劇界注視の青木豪《ごう》を作・演出に起用し、リスクの高いオリジナル作品を上演した。

「演劇界に人材を育てるためのいわば先行投資です。でも、赤字にはしません」

身長一六四センチ、グッチのスーツをキリリと着こなす北村は今年五十九歳、団塊の世代の一人だ。彼女が率いるシス・カンパニー（以下、ＳＩＳ）は野田秀樹の舞台を制作し、大竹しのぶ、堤真一、段田安則ら「演出家なら誰でも使ってみたい」俳優をマネジメント、近年は自主公演にも乗り出した。今、演劇界はこの人を中心に動いている。

年間三十本の舞台に携わる衣裳プランナーの前田文子《あやこ》は、ふんぞり返ったプロデューサーが多い中で北村は格が違うと、断言する。北村は人を値踏みせず、スタッフ一人一人を労《ねぎら》い、ジーパン姿で舞台の仕込みを手伝い、走り回る。

「あんな人になりたいと思います。仕事で、絶対彼女を失望させたくない」

脚本から演出家、キャスティング、ポスターまですべて決め、演出家にコミットし、一カ月の稽古に伴走する。それが北村流だ。演出家任せが多い日本の演劇界で、彼女のような求心力を持つプロデューサーは他にいない。売れっ子の劇作家が「何より北村さんが欲しい」と言い、同業者は「脚本が読め、野田秀樹からＳＭＡＰまで日本で一番役者を動かせ、一番集客できるプロデューサー」と脱帽する。

「ただ演劇が好きの一念で、流されるままにやってきただけなんですけどね」

ＳＩＳでは月に一度月例会議が開かれる。朝八時半、東京・恵比寿にあるオフィスに社員が揃う。業務報告を聞きながら、北村が指示を出す。「来年、再来年のこと考えて。営業は他より一歩先んじるしかない」「性格はどうでもいいから仕事の鬼になって！」。自他ともに認める北村のワンマン会社ＳＩＳは戦略情報システムの略で、演劇とは不釣り合いな名前だ。情報を制したものがいち早く役を獲得する。それが、北村のマネジメントにおける基本戦略だ。

大手はともかく、前近代的な興行の世界にあってＳＩＳは極めて異色だ。タイムカードがあり、各種保険や残業手当、住宅手当、休暇が保証されている。ボーナスは年間五カ月を切ったことがない。さらにリベートやキックバックが横行し、カラオケやゴルフ接待がまかり通る業界なのに、接待営業は禁止。十四人中十三人の女性社員は「女はそれぐらい頑張らないと居場所はもらえない」と結婚・出産退社が許されない。

「丁稚《でっち》奉公が当たり前の芸能界の悪しき風習が許せないだけ。社員に働いた分が還元されないと健全じゃないよ」

北村と二十年近く苦労を共にしてきたマネージャーの半海《はんかい》いづみは一度、掟《おきて》を破り接待をしたことがある。北村に怒られるのが怖くて隠していたが、バレた。まっ黒こげになるほど叱られて泣いていると、最後に北村は「あんたに嘘をつかせた私も悪かった」とボロボロ涙を流した。

「飴《あめ》と鞭《むち》の使い方が絶妙。この人についていこうと誰もが思わされます」

闘わない俳優はクビ切り／社員も全幅の信頼寄せる／人生観決定付ける妹の死

マネージャーはタレントに隷属しがちだが、北村は決して俳優の機嫌をとらない。社員には「馴れあうな」と命じる。大名行列のようにスタッフをひきつれて現れる芸能人を、「カッコ悪すぎる」と一刀両断だ。理不尽なことを言うならいくら売れっ子でも「いらない」。現場で闘えない俳優は容赦なくクビを切る。

「どんな俳優でも一歩外に出ればチヤホヤされる。その勘違いを正すのは、身内である私しかいない。それが仕事です」

『トリビアの泉』の司会で人気が出た高橋克実は、SISに所属するときに言い渡された。現場には一人で行け。スタッフ全員の名前を覚えろ。リハーサル前に台本を覚えろ。三回遅刻したらクビ。高橋は毎年、契約更新の十月が近づくと胃が痛くなる。好きな舞台をやりながらテレビの仕事ができ、生活が安定したのはSISのおかげだ。なのに昨年は契約書が届かなかった。不安のあまり北村に電話すると「アッハハハ。経理が書類送るの、忘れてたらしいで」と、笑い飛ばされた。舞台の初日、幕が下りた途端、楽屋に飛び込んできた涙目の北村に胸ぐらを摑《つか》まれ

「あんただけ、ここが動いてないんや！」と胸を叩かれたこともあった。

「こわーッ。ビビリます。でも、その都度、演劇との向き合い方を教わります」

初日寸前に降りた役者の代役として浅野和之を電話で呼び出し、その日から家に帰さず、三日三晩つきっきりで励まし演技指導した。トラブルを起こした役者の横で大泣きして頭を下げていたが、それは場を収めるための演技だった。飛ぶ鳥落とす勢いのTVプロデューサーの強引な要求を「役者のためにならない」と突っぱねた。などなど逸話の多い北村に役者も社員も全幅の信頼を寄せ、慕う。

だが、「ついていけない」と辞める役者もいる。NODA・MAP上演中に父が死んだとき、北村は休演日を待って実家に戻り、楽日終了まで野田にも告げなかった。役者にも、親が死んでも舞台に立てと迫る。同業者の笹部博司《ささべひろし》は北村を、冷酷で計算高いくせに情にもろい、アナーキーで現実主義者なのにロマンチスト、と分析する。

「ゼロから始め、勝つか負けるかの世界で血みどろの闘いをしてきた人だから、いつでもすべてを捨てて孤独になれる。だから何も怖くない。強いはずですよ」

北村は、標準語に効果音のように故郷の京都弁を交ぜて話す。一九四七年、税理士の父と専業主婦のもとに生まれた。幼い頃から両親の間に喧嘩が絶えなかった。女学校を一番で出たという母は、横暴な夫に不満を抱きながら「女のくせに」と娘に規範を強いた。親が重かった。心の拠《よ》り所《どころ》はたった一人の味方だった二つ年下の妹と、小学六年の時に労働運動をしていた叔父に連れられて観た新劇だった。

「子供心に母のような人生はごめん、自分らしく生きたいと願った。思想的なことを含めて芝居が私の逃げ場になった」

二十歳で大学を中退し、京都のくるみ座へ。二年後に上京し、三十倍の難関を経て文学座研究所へ。同期の角野卓造《かどのたくぞう》は「腹から芝居する凄いいい女優だった」と言う。二十三歳で「お決まりのように男ができ」、パニック状態の母に泣かれしぶしぶその同期生と籍を入れる。が、一年後、共演した役者と恋に落ち、修羅場の果てに離婚し、再婚。バイトしながら四畳半一間に一日三百円で暮らし、麿赤児《まろあかじ》らと旅して芝居をする生活は楽しかった。だが北村の妊娠がわかると、夫は「家族のために就職する」と、演劇を捨てた。

「勝手やね。その途端に彼が嫌いになったの。いい役者で、そこが好きだったから。芝居にまで失望してしまった」

生後三カ月の娘のあぐりを抱いて、夫がいない間に実家に戻った。シングルマザーになることに何の不安もなかった。父親がいないのはこの子の運命だと娘に後ろめたさはなく、生活のためにスナックや喫茶店で働き、帯の絵つけの内職をした。だが、二十九歳で人生観を決定付ける出来事が起こる。双子のように寄り添って生きてきた妹が自殺した。

「自分が根本からわからなくなる心もとなさを、生まれてはじめて感じました」

女性解放運動にかかわる／出演の映画が映画賞受賞／野田秀樹との邂逅が転機

そのとき、北村を支えたのはあぐりの存在であり、もう一つはウーマンズ・ムーブメントだった。母子家庭への偏見を身に沁《し》みて感じてから、北村は女性解放運動に関わるようになっていた。女の問題に目を向けると世界の認識が変わり、今まで自分を苦しめ、縛っていたものからどんどん解放されていった。強い力をもらった。勉強会で女性史の本を繙《ひもと》き、女性映画祭の開催や保育所設置運動に奔走した。

「生き方の背骨になった。今もそう。ただ運動には実体がない。妹を失って私自身の中に実体を作り、誰にも依存せず、私が私のために生きなければと思った」

旧弊な京都の町で北村は異彩を放っていた。カナダ人監督が日本女性の日常を撮った『Ｋｅｉｋｏ』に、自由で自立したレズビアン役で出演したのは三十一歳のときだ。北村は美術も衣裳もお弁当作りも率先して手伝い、チームの雰囲気がささくれだってくると、みんなを和ませた。誰もが北村といると元気になった。当初小さな役にすぎなかった北村が、スクリーンで主役を圧する魅力を放射した。

「彼女に会ったことで、監督の中でイメージが膨らんだ」と、プロデューサーのユリ・ヨシムラ・ガニオンは述懐する。バイト先の京都ＹＭＣＡの仲間たちが「まんまやないの」と笑ったこの役は、恋愛以外にエネルギーのもって行き場がなかった彼女を、再び芝居の世界に引き戻すことになる。七九年公開の『Ｋｅｉｋｏ』は、桃井かおり主演の『もう頬《ほお》づえはつかない』と、その年の映画賞を分け合う。北村は女優業を再開、娘を母に預けて上京し「もう一度本気で女優をやります」と、挨拶して回った。

「子供のことより、自分のやりたいことのほうが大事だった」

あぐりは十五歳のときから十三年間英国に留学していたが、現在は北村と暮らす。子供の頃、母は泣きわめく自分を振り切り仕事に行き、たまに帰ってきても「友だちが泣いてるの」と、娘を後回しにした。美しい女優の母が大好きだっただけに愛憎は半ばした。けれど、今は、帰宅後も戯曲を読み、絶え間なくかかる電話で俳優や社員の悩みを聞き、役者を家まで呼んで演技指導をする母を見ている。あぐりは、言う。

「誰にも媚《こ》びずに、自由に生きなさいと教えてくれた母を尊敬しています」

北村の人生最大の分岐点は、野田秀樹との出会いだ。八五年、小劇場ブームの最中、先端を走る「夢の遊眠社」は旗揚げから十年を経て、役者から窮状を訴える声が高まっていた。劇団は大きくなるのに役者はバイトなしでは食べられない。役者をマスメディアに売り込む人が必要だと、制作の高萩宏と役者の上杉祥三がツテを頼り、北村に声をかけた。この頃、北村は「食べていけるかな」と思いながら女優をして、映画制作に関わっていた。野田の芝居は観ていた。

「今まで観たことがない斬新な舞台で、ここの役者ならやってもいいかな、と」

北村が自身の資質を自覚するのは、このときからだ。劇団経営は丼勘定が当たり前の時代。当時、劇団の役者三十人の年収は合計で五百万、経理も杜撰《ずさん》だった。税理士の娘である北村の頭にはバランスシートがパッと浮かぶ。彼らを食べさせることができれば自分も食べられる。「私に給料を払い、専任のマネージャーを雇え。売り上げを三倍にしてあげる」と、座長の野田にマネジメント部を作らせた。

そして劇団員一人一人と面談。「あなたのことは誰も知らない。どんな役でもしますか」と訊ね、「あんたはブスや。ブスの一番になりなさい」「プライドを捨てなさい。力があれば捨てられる」と、劇団員に現実を教えた。

「まず役者の鼻をへシ折らなあかん、と。自分が役者やってるから言えたんです」

売り上げ一年で三倍／劇団の解散も北村が主導／念願の新作を英国で上演

初代マネージャーの半海は「テレビ局に日参して、まず自分を売り込め」「人間関係は全方位」と北村に仕込まれた。女優のくせに北村には実務力があり、仕事に対する明確なビジョンがあった。だが、テレビ局の人間は劇団のトップ役者の上杉や段田さえ知らなかった。半海は退社した会社に出向き『ニュースステーション』の「金曜チェック」でコントの仕事をもらった。段田は二時間ドラマで強姦魔もやった。野田の「うちの役者をあんなものに出して」という声が聞こえてきたが、北村は知らぬふりをした。

「出方はどうでもいい、一つずつ積み上げて実績を作っていくしかない。実力があれば使ってもらえるようになります」

目標通り売り上げは一年で三倍になり、五千万円に達した三年後にＳＩＳを設立した。劇団員の北村を見る目が変わっていく。高萩は、それまで自分がやってきた劇団員の「母」の役割が北村に移行していくのを感じていた。高萩が独立し、他の制作者が入ったが、間もなく北村が制作も担うことになる。それは、ある意味、野田の選択だった。劇団の中で北村だけが、野田に「書かなかったら幕開かへんよ。ご飯、食べられへんよ」と脚本の仕上がりを催促できた。

「何人もの制作者が現れたが、天才・野田秀樹を牛耳れたのは北村さんだけ」

高萩はじめ関係者全員が口を揃えた。北村はプライベートでは野田と付き合わない。仕事である以上、距離をとらなければ見えるものも見えなくなり、ものが言えなくなると、最初に決めた。

「夢の遊眠社」の解散も、劇団が飽和状態になっているのを感じた北村が野田にロンドン留学を進言し、主導した。そのままでは経営が立ち行かなかったので、役者の半分はクビを切り、癒《ゆ》着《ちゃく》状態だった業者との関係も絶った。刺されるかもしれないと思うほどきつい仕事だった。

自らＳＩＳを去った上杉は「あの人は僕らがたとえ罪を犯しても味方になってくれる人でした。野田さんと北村さんの結びつきが羨ましかった」と胸の内を明かす。段田は「表立って風を受けてくれる人が野田さんには必要だった」と明快だ。北村は「あれだけの才能、わがまま言われてもやったげよと思う。頭いいから私の使い方、よう知ってはる」と笑う。

九三年、野田が作・演出し、出演するＮＯＤＡ・ＭＡＰ始動。北村は年間一百本の舞台を観て、野田にこれぞという役者をプレゼンテーション、興行の責任を負い、彼の芸術的欲求を次々具体化していった。

一方で、野田の不在時に制作スタッフを食べさせるために自主公演に着手。今年は、プールした資金で野田念願の英語で書いた新作を英国で上演、成果を上げた。野田が北村を得たのか、北村が野田を得たのか。北村はこの取材を受けるにあたり、「自分のことで煩わせたくない」と野田に会わないことを条件にした。いずれにせよ、希有《けう》な二人の邂逅《かいこう》によって演劇界に新しい視界が開けた。

他の事務所から嫉妬の声／興行を近代化した功績大／しかし自分は解放されず

「だんだん背負うものが大きくなっていったけれど、それも有り難いこと。違う自分を開発できたんだから」

北村を、すべての権力闘争に勝ってきたと言った人がいた。なぜ勝てたのか。プロデューサーの大賀文子《ふみこ》曰《いわ》く「芸能界では女は、男関係などの噂で潰《つぶ》されていく。でも、彼女には隙《すき》がなく、男が尊敬する威厳と力があった」。笹部は「彼女は常に野田秀樹や役者にとっての最善の道を考え、判断するからだ」と看破した。

今、「まともな芝居がしたい」と願う俳優たちがＳＩＳの門を叩く。北村に俳優を近づけるなと、他の事務所から嫉妬の声さえ上がる。もはや舞台役者なくしてドラマも映画も成立しえない。二十年かかって、北村は誰もなしえなかった表現者の欲望と経済を両立させる道を作りあげ、「芸術」と「日常」を結び、興行会社を近代化した。後に続く演劇人からは「感謝しています」の声が聞こえる。だが、北村には、脳髄にあふれかえる観たい芝居を作り続けてきただけという思いしかない。

彼女の舞台は、楽日の後、巨額の金をかけた道具も衣裳もすべてが廃棄される。

「舞台は必ず幕が下りる。それがいいんです。私は演劇を創りながら自分を解放してきたんだね。何を失っても怖くない。でも、まだ解放されていない……」

妹を喪失して以来、心の奥底に巣くう虚無を埋めるように芝居を作ってきた。七〇年代、団塊とそれに続く世代の女たちが切望した「革命」に、北村明子は演劇というもう一つの世界で挑み続けている。

『アエラ』二〇〇六年十月九日号掲載

北村明子

女子ソフトボール元日本代表監督

宇津木妙子

全方位の愛で世界の頂へ

写真　山本宗補

青く光る海が眩《まぶ》しかった。海岸沿いの道を走り終えた宇津木《うつぎ》妙子は、足を止め一礼してからフランク・パレシオス球場へ入って行った。五百回の腹筋と四十分のランニングを、高校一年のときから五十歳になるまで一日も休んだ日はない。女子ソフトボール日本代表監督を務める。

「きっと弱いんだろうね。やらないと負けてしまうんじゃないかと怖いんだよ」

冬の日本を離れた一月のサイパンで、日立&ルネサス高崎（前・日立高崎）とデンソーの女子ソフトボール部の合同合宿が行われていた。昼休みのグラウンドでは宇津木麗華《れいか》が一人ノックを受けている。今年四十一歳、「ソフトボールの申し子」と言われる麗華だが、五年前にメスをいれた右肩は今も激痛が走る。ガンバレ、ガンバレ。汗まみれでグラブをさばく麗華に、声をかけているのは「世界のショート」安藤美佐子だった。所属チームは違うが、共に日本代表選手である。

安藤は、二〇〇二年の世界選手権でセカンドにコンバートされ、スタメンを外された。予告はなかった。その夜は眠ることができず、「JAPAN《ジャパン》」のユニホームを着るのも苦痛な日が続いた。やがて肩の衰えと練習量の不足を自分で認め、それを克服するためには練習しかないとプライドをかなぐり捨てた。「ソフトは人間関係だね。一つと同じ動作はない。信頼がなかったら球も捕ってもらえないんだから」と呟《つぶや》く宇津木の目が、フェンス越しに二人を追っていた。

宇津木は、昨年、十七年指揮した日立&ルネサス高崎を麗華に委ね、自らは総監督に退いた。日本国籍を取得し、自分の姓を名乗る愛弟子《まなでし》に道を譲った形だが、今年八月のアテネ五輪に全力投球するという使命もあった。

二〇〇〇年九月二十六日、シドニー五輪。アメリカと戦った雨の中の決勝戦で、金メダルを逃したのは自分の采配《さいはい》ミスだという思いがある。

四回表、麗華のソロ・ホームランが出た時点で、ピッチャーを交代させるべきだった。が、一瞬の逡巡《しゅんじゅん》が走った。それから何かが狂った。攻めて、攻めて、毎回ランナーを出すのに得点にならない。流れが変わる。焦るなと自分を落ち着かせる。選手にみじんも動揺を見せてはならない。一対一の同点で迎えた延長八回裏、一死二、三塁。レフトに上がった打球は、背走しながら外野手が差し出したグラブに一旦入ってからこぼれ落ちた。

「勝てるゲームを落とした。選手に申し訳ない。もうあんな後悔はしたくないね」

野球より細くて短いバットで野球より大きなボールを打つソフトはレクリエーション色が強

く、長い間、野球の亜流のように見られてきた。オリンピックの正式種目となったのは、一九九六年のアトランタ五輪から。それがシドニーの銀メダルで一気に光が差し、試合はＴＶ中継されるまでになった。その立役者が宇津木であることは誰もが認めるところだ。

　実業団に入った頃、予算がバレーボール部の百分の一と知り、歯ぎしりした。誰も見る人のいない河川敷のグラウンドで懸命にボールを追った。指導者になると、女のくせにと身内から石《いし》礫《つぶて》が飛んできた。はじめて全日本を率いてアジア大会に参加した九〇年、会議の席で軽く扱われた。その度に、今に見てろと心に誓った。自分の手でマイナーなソフトをメジャーにしたいと、ここまできた。

　プロゴルファーの岡本綾子は、宇津木を「継続は力なりを全うした人。私にはああいう生き方はできない」と、語る。

　岡本は大《だい》和《わ》紡績《ぼうせき》で左腕のエースとして活躍していた頃、ユニチカの二つ年下の内野手、宇津木と知り合った。以来三十年の付き合いで、今でも群馬の宇津木のチームの寮には岡本のための部屋がある。宇津木にとって岡本は「尊敬できて、相談できるたった一人の人」だ。

日本の女子が弱いのは、自分で限界を作るから／それでは世界に勝てない

二人はある意味、対照的な生き方を選んできた。「ソフトが嫌で嫌で」ゴルファーに転身した岡本は、日本で賞金女王になると、足が地に着かないほどチヤホヤされる状況に辟易《へきえき》して、単身渡米。全米ツアーで賞金女王となった。その度に、宇津木は祝いの親身な手紙を寄こしたが、最後は「岡本さんに絶対負けない。必ず追い抜いてやる。私はこの道で頑張る」と締めくくってあった。

現在、女子プロゴルファーの三〇%はソフトボール出身者だという。実業団に入っても、選手がそれを職業として継続することは難しい。岡本は、安定より自由と可能性を求めて、個人プレイの世界へ飛び立った。宇津木は、そこにとどまり、男の占有物だった指導者の道を模索することでチームプレイの世界を改革しようとした。共に開拓者である。

ソフトボールは中学で始めた部活だった。最初は好きでもなかったが、中三のとき、埼玉県の強化合宿に選抜され「自分より上の選手」を知った。飼い犬と競走して負けると泣くほどの勝ち気が炸裂《さくれつ》する。何より彼女をソフトへ傾斜させたのは、仲間と一つになって勝利という目標に向

かう昂揚《こうよう》感だった。五人きょうだいの末っ子は父に溺愛《できあい》されたが、その父は単身赴任で東京暮らし、母も働いていて、いつも人恋しかったのだ。

高校で、ソフトボール部の顧問だった星野昭《あきら》と出会う。入部早々に、横暴な先輩に抗議して練習を休んだことがある。星野は大学を卒業したばかりの熱血漢で、当時は夏木陽介や竜雷太《りゅうらいた》が主演する青春ドラマが真っ盛り。十五歳の少女の中では、「先生と落ちこぼれの生徒が力を合わせ、古い因襲に凝り固まった部を改革していく」物語がすっかり出来上がっていた。星野は家まで迎えに来てくれたが、一カ月の草むしりを言いつけた。仲間に迷惑をかけた、という理由だった。

「ソフトはチームワークだと教えられた。あれが、私のすべての原点だね」

星野のスパルタを極めた指導でチームはみるみる強くなり、高三で国体準優勝。練習は裏切らないと、心に刻みつけた。

十八歳で入った岐阜のユニチカ垂井《たるい》での生活は、まるで映画の『あ、野麦峠』のようだった。十九畳の部屋で八人が暮らし、私物は段ボール箱一つだけ。たくあん三切れ、味噌汁にご飯の朝食。その上、先輩後輩の関係は厳しく、グラウンドの整備や用具の手入れ、掃除洗濯、マッサージから先輩の残したラーメンのスープを飲み干すことまで新人の役目だった。

実業団で、はじめて自分が凡庸な選手であるという残酷な現実と向き合った。万年最下位のチームなのに、ピッチャーの球が速くて打てないのだ。なのに一緒に入った他の選手は打っている。

毎朝五時に起きて一人練習し、半年後にようやくレギュラーになる。三年目には日本代表にも選ばれた。だが、いくら自分一人が強くなってもチームは弱いまま。

しかも当時のユニチカには、横山樹里《じゅり》など、七六年モントリオール五輪で活躍した選手たちを擁するバレーボール部があった。練習づけの彼女たちと、八時から一五時まで働かなければならない自分たち。スポットライトの当たらない場所にいて、宇津木は勝ちたかった。その勝ちたい気持ちが指導者への水路を開いていく。

こうすれば上手くなるのに。努力して技術を会得した宇津木には、チームメイトの欠点がよく見えた。チームが弱いのは、監督に隠れてサボっているからだ。男性の指導者の前で、選手は最後には「弱い女」のふりをする。みんな甘える。「日本の選手は海外の選手に比べて自主性がなく、自分で自分に限界を作ってしまう。それでは世界に勝てない」と宇津木は発言している。日本の女子選手の成長を阻む依存性と、男性指導者しかいなかった日本のスポーツ界の弊害を、十九歳で既に見抜いていた。自分にならら改革できると、野心が芽生えた。

四年目で念願のキャプテンになると率先垂範して厳しい練習を課し、不規則な生活と理不尽な上下関係を排除した。その年、チームは優勝。その後宇津木は二十八歳で、コーチのゼッケン三十一番をもらう。

当時の監督、塩田《しおだ》昭三は協会の仕事に忙殺され、チームを宇津木に任せていた。選手寿命は平均二十三歳、女性監督など考えられない時代に、塩田は「宇津木に監督をやらせてみたい」と言っていた。男のコーチがみんな一年もたずに辞めていく中で、女の宇津木だけが嬉々としてその役を務めている。しかも、采配にはリスキーだがセオリーに囚《とら》われない思い切りのよさと、勝負強さがあった。

「それは教えられるもんじゃない。経験の中で学んだんでしょう。すごい努力家。ときに強引なところもあったが、面倒見がよくて、周囲が影響されていった」

その性向はソフトに限ったことではなかった。総務に配属された宇津木は、二十歳の頃から女子寮の生活指導を任されていた。親元を早く離れた中卒の少女たちを殴って叱り、彼女たちが辛いときには一晩中付き添った。新しい寮生が入寮すると、二百人全員の名前と家庭環境から出身地の県民性まで調べあげた。三十二歳で現役生活にピリオドを打ち、会社を辞めたとき、宇津木に信頼を寄せていた寮生たちが次々退社して寮は歯が抜けた状態になったという。

「お節介で心配性なのは昔からの性格。みんな、子供みたいに思っちゃうんだ」

宇津木の指導者としての能力は、恐らくここに集約される。麗華を含めて中国の選手を三人、実家に住まわせて学校へ通わせた。身銭を切ってチームを合宿に連れていく。懐に飛び込んできた者への過剰なまでの一体感と叱咤激励。「チームで一番になれるものをつくれ」が口癖だが、できない選手でも努力させ、チャンスを与え続けると結実すると信じている。岡本綾子は、その才能は今までの監督やコーチが持ち得なかったものだと断言する。

「不況の時代にチームを維持し続ける手腕、選手を上手くコントロールする手綱を持っている。それは、ゴルフボールを五十メートル先から直径十センチの穴に放り込んで見せるほど難しい。技です」

手塩にかけた選手には、敵になっても声援を送る／愛と熱意は全方位だ

実業団同士が争う日本リーグでは、対戦相手として日本代表の選手がマウンドやバッターボックスに立つこともある。そんなときの宇津木はちょっと見ものである。「何、やってんだ。教えたとおりにやれよ。頑張れよ」と周囲をはばかりながら声援する。日立高崎が攻められ、打てなくても、自分が手塩にかけた選手の活躍を願ってしまうのだ。この全方位の愛と熱意こそが新しい才能を発掘し、選手を育てると、十五年間宇津木を追い続けているカメラマンの清水欣子《きんこ》は言う。

「宇津木さんにしか発掘し得ないような選手が、代表チームで活躍している」

八一年、カナダ・エドモントンでジュニア世界選手権が開催された。日本代表を率いた宇津木

は、ライバルチームのキャプテンに打撃法を伝授している。それが十七歳の任彦麗《レンヤンリー》、後の麗華である。毎夜、宿舎にやってきて教えを乞《こ》う任に、絵を描いて技術を教えた。中国チームの団長や監督が怒鳴り込んできても頓着しなかった。任は六割を打ってリーディングヒッターに輝き、やがて「中国の大砲」と呼ばれる世界屈指の打者に育つ。

この人のもとでプレイしたい。宇津木に一度指導を受けた選手は向上心を鼓舞される。このとき優勝した日本チームの選手が、五年後、宇津木を日立高崎へ呼び寄せることになる。そして八八年の春、二十四歳の任がスーツケースを二個提げて成田に降り立った。家族も恋人も中国チームもすべて捨ててやってきた任を得て、日立高崎の黄金時代が始まるのである。

「でも、それから負けるのが怖くなったね。いつ負けるんだろう、って」

勝利の冠を戴《いただ》いて、かつてダンプとあだ名された宇津木が眠れなくなり、食べられなくなって急激に痩《や》せていく。醍醐味《だいごみ》と恐怖が表裏のコインを生きるのが監督の宿命だが、女性監督である彼女には負けることの恐怖はなお強かった。

今も宇津木の睡眠は浅くて短い。選手が「死ぬんじゃないか」と心配するほど食も細い。深夜も机に向かって選手へ手紙を書く。夫の伏見幸男《さちお》には、妻が凄《すさ》まじい重圧と闘っているのがよくわかる。

「僕と話していても心ここにあらずという状態です」

九七年末、二度目の日本代表監督に就任する。その年、日立高崎は日本リーグ、国体、全日本総合選手権を制覇して三冠を達成。その功績が認められ、シドニー五輪の出場権をかけた世界選手権の指揮を要請されると、「全権を任せてくれるなら」と条件を出した。この言葉は関係者の神経を逆撫《さかな》でしたが、譲れなかった。

コーチとして行ったアトランタ五輪にはいろんな思いがあった。一つは、前年に日本国籍を取得した麗華を出場させてやれなかったことへの悔恨だ。「三年以内の出場には元の国の承認が必要」と定めた五輪憲章を、中国が行使した。記録を塗り替え三冠王をとった麗華だが、当時三十三歳、最後のオリンピックかもしれない。なんとかならないのかと協会に二人で直談判に行き、うなだれて帰った。自分にも、選手としての熟練期、世界選手権が二度も国政事情で不参加になった憤懣《ふんまん》のぶつけようのない経験がある。

さらに、寸前に監督が交代し、チームがまとまりを欠いたままアトランタに突入したことへの自責の念があった。それでも四位になった。やり方次第で確実にメダルは獲れたはずだ。制度や大人の都合で犠牲になるのはいつも選手なのだ。

選手たちには身をもって諦めないことを教え続ける／成長の実感がチームを束ねた

そしてもう一つ。二十年前に百二十あったチームが四十まで激減する実業団の窮状を、なんとか打破したかった。

「だから、もう自分の思うようにやろうって。やれれば勝てると思ってたよ」

宇津木が監督に就き、代表チームの方針も戦術も一八〇度変わった。

宇津木は「自分に従えないものは去れ」と宣言し、メダルという明確な目標を掲げた。練習は「死ぬほど」の厳しさだ。「もうダメだ」と倒れても、「わかってるよ、まだ余力はある。やれ」と容赦ない。少しでも気を緩めると鉄拳《てっけん》が飛んだ。

選手にも反発はあった。が、監督が率先して走り込み、声を涸《か》らして一分間に四十本のノックを二時間も一人で打ち続ける。練習が終わるとお風呂で待ち受け、選手全員と話せるまで二時間でも入っている。中学高校時代から、ベンチに踏ん反り返って煙草を吸う監督を見続けてきた選手たちは、練習中も試合中も決して座らない宇津木をこよなく敬愛する。

ある日、今まで捕れなかった球が捕れるように、打ったことのない球が打てるようになっていく。この人の言うとおりにすれば勝てるんだ。チームは束ねられた。日本は世界選手権三位の成績を上げ、シドニーへの切符を早々と手にする。

その頃から誹謗《ひぼう》中傷が激しくなった。「女の癖に生意気だ」と、「女性初」の立場に就く度に経験した嫌がらせがまたも繰り返される。果てはマスコミにまで怪文書が回った。さすがに辞めようと思ったが、選手が口々に引き止めた。こんなことで辞めないでください、と。

「今、日本で全日本の監督をやれるのは自分だけなんだと思うと頑張れたね」

シドニー代表のコーチだった藤井まり子は、日本が僅差《きんさ》のゲームを次々ものにしていくのはまるで魔法のようだったと、述懐する。

「アトランタのときのほうが優秀な選手が揃っていた。でも、シドニーのチームは諦めないことを教えられていた」

少女の頃に夢中になった青春ドラマを、三十年後、宇津木ジャパンが世界を舞台に再現して見せたのである。

岡本は「勝ち続けることは至難の業」と言う。宇津木にとって、代表監督にもう一度就くことのリスクは大きかった。辞めれば名誉は守られる。結婚したばかりの夫のために落ち着き、できれば子供を作りたかった。けれど、身体をボロボロにして現役を続ける選手たちの姿に、後ろ髪を引かれた。みんなともう一度戦いたい。十二歳年下の夫に「監督のあなたを尊敬している」と背中を押され、再び「苦しい四年間」へ踏み出した。

二月下旬。宇津木は二週間の強化合宿を終えたあと、アテネを視察し、日本へ戻った。頭の中には、はや八月のための戦略図が出来上がりつつある。代表三十名の中からアテネに連れて行けるのは十五名。ベテランと若手のバランスをどうとるか。選手選考という監督にとっての「地獄」が始まっている。

「勝つために行くんだよ。もう勝つことしかないんだ。そのための布陣を敷く。あの子たちの挑戦を見てほしいね」

セクハラに苦しむ選手がいた。協会の理事は全員男だった。そんな世界で、宇津木は女性初の理事となり、ようやく一部リーグ十二チームの女性監督が四人になった。日本のソフトボールをここまでにした選手たちに指導者となってソフトを続けてほしい。彼女たちの手でソフトを世界に広めてほしい。裸馬に乗って荒野を駆けてきた宇津木妙子の思いは、そこに尽きる。

「勝ちたいよぉ、勝ちたいよぉ」

サイパンの高い空に向かって、バットとボールを握った監督が吠《ほ》えていた。

『アエラ』二〇〇四年三月二十二日号掲載

宇津木妙子

衆議院議員

野田聖子

「雑巾がけ」を厭わず頂上を目指す

写真　渡辺誠

九月二十二日の内閣改造で、小泉首相が自分を外相に起用したがっているという話が、野田聖子本人の耳に入った。

「小泉さんはそう考えたらしいけど、あまりにも人気とり内閣になるからやめたみたい」

いま、四十三歳。永田町で日本初の女性首相かと噂され、今回の自民党総裁選前にも、小泉首相の対立候補として下馬評に上がった。

その野田が、居酒屋で飲んでいるときに、後輩議員の小渕《おぶち》優子に嘆いた。

「私、男だったらよかったのに。そしたら後援者は安心すると思う。女はいつやめるかわからない、あてにならないと思われてるからね」

小渕が一回り年上の野田を意識したのは、総理大臣をしていた父・恵三の秘書時代である。父の外遊先のモンゴルで一緒になり、宴席で父と野田だけが外務省の役人が敬遠する羊の肉をワシワシと食べる様を見て、なんて男前な人なんだと憧れた。小渕が議員になると、野田は「あんたは、私がしてきた男ならしなくてもいい苦労はしなくていいよ。私が守るから」と励ましてくれた。

「この世界は男尊女卑。私はまだ父に守られている。聖子さんは先頭バッターだったし、さぞやきつかったと思う」

野田の自宅マンションは、東京・目黒区にある。夫の鶴保庸介《つるほようすけ》・参議院議員（保守新党）がラブチェアに腰掛け、野田は愛犬を抱いて床に座り込んでいる。

「キャサリンがカーペット破いちゃったから、恥ずかしくて隠してるの」

サイドテーブルの上には、結婚式やキスの場面など夫婦の写真が幾枚も飾られている。夫と妻の間で「片づけなさい」「一緒にやって」「なんでやねん」のやりとり。野田のインタビューを始めると、「お茶でもいれましょか。気のきかん嫁で」と鶴保が立ち上がる。

お盆の夜、野田は地元岐阜の事務所で不妊治療のホルモン注射を打ってもらっていた。「酒好きの二人が酔っぱらって三日で結婚を決めた」直後、二年半前から治療を始め、体外受精にも六度挑んだ。月に十日通院が必要な治療と激務の政治家との両立は、苦しい。夫とは、不妊治療を巡って結婚当初から諍《いさか》いが絶えず、離婚話が何十回と出た。夜通し揉《も》めて泣きはらした顔で議員会館に行き、政策秘書である妹の島桜子に「最高のコンディションで、いい仕事をしてください」と懇願されたこともある。

「でも少子化対策が必要だと公言してる以上、生命を落とさない限り頑張るよ」

　それから二週間後、野田は、年に一度の後援会の研修旅行のために兵庫県・有馬温泉の旅館にいた。二週間の間、連日バス六台を連ね二百人以上がやってくるのを母と共に出迎えるのだ。夜の宴席には、三つの宴会場をぶち抜いた大広間縦四〇メートルにずらりと四列の膳《ぜん》が並ぶ。宴会終了後は会場の外でお見送り。求めに応じて写真に収まりながら、中年男性の尻を触って「いいケツしとるな。これってセクハラやね」と岐阜弁でギャグを飛ばす。「聖子さんの旅行だから家出られるんだがね」と訴える女性を、「ゆっくり休んどいて」とハグする。「聖子さんにはハマるのよ」と、支援者たちは誰もがみんなそう口にする。

　一九九〇年、旧岐阜一区からはじめて衆議院選挙に立ったときは落選の憂き目に遭った。自民党の公認がとれなかった上、二十六歳で史上最年少当選した岐阜県議の任期を全うせずに出馬したことが有権者の怒りを買った。ことに、女性から「男に媚《こび》売るぶりっ子」と嫌われた。

「当時は自信を失い、迷いの中に生きてた。今は本来の自分を取り戻したから」


父は、美しく聡明な妹を偏愛した／だから自分は「男の子」になった

導かれるようにここまできた。はじめての選挙は小学二年のときだった。父方の祖父の選挙のために岐阜に連れて行かれ、教えられた通り「野田卯一《ういち》の孫です。おじいちゃんを勝たせてくださぃ」と頭を下げると、周りの女性たちが涙をこぼした。小学六年で卒業文集に「二十五歳に国会の衆議院議員になります」と書いた。

島稔、弘子の第一子として、父が勤める八幡製鉄所がある北九州市の社宅で生まれた。モーレツサラリーマンの父は多忙で、母も留守がちだった。野田は、桜子と弟・徳之《のりゆき》に寄り添って育った。父の稔は、元建設相・野田卯一の一人息子であったが、五歳で母方の祖父、島徳蔵の養子となる。徳蔵は豪胆で鳴らした相場師で、阪神電鉄の社長も務めた大正三大成功者の一人である。野田は、二十三歳で祖父の姓を継ぐため養子に入る。いつからか、「父より偉くなる」が目標であった。

少女時代の野田は、自分を男の子だと思い込んでいた。五歳で父の転勤で東京・田園調布に引っ越した。そこは百四十坪、トイレが五つもある大邸宅だった。一年後、近所の田園調布雙葉《ふたば》に合格。その折、母は「活気を取り戻すため、お嬢さんの入学を実験的に許可します」と学校から釘《くぎ》をさされている。「剪定《せんてい》してないもので」と母が苦笑する娘は、級友のスカートをめくって縛り上げ、ロッカーに押し込めるといった悪戯《いたずら》は日常茶飯事の「学校はじまって以来の野性児」であった。二学年下には「学校はじまって以来の優等生」、妹の桜子がいた。

美しくて聡明な次女を父は偏愛し、長女が桜子を泣かせると、「俺の桜に手を出すな」と殴った。妹の存在は野田の男の子アイデンティティをより強化させる。

「可愛くないから愛されない。決してグレース・ケリーにはなれない。それが私の原点かな」と、野田は屈託ない。

「おかげで恋愛も、桜ちゃんより可愛いと言ってくれる人や喋《しゃべ》りが面白いと言ってくれる人を好きになってしまうのよ」

野田の口紅はいつも唇からはみ出ている。「もらいもん」の真っ赤な口紅を筆を使わずにざっと塗るためだ。普段着はユニクロか無印良品。二千円の腕時計に、三万五千円のなんちゃってバーキン。学生時代から身の回りのものに関心がなかった。制服のスカートの襞《ひだ》はとれ放題。たまに洒落《しゃれ》っ気を出して眉を整えると全部剃《そ》り落とし、絆創膏《ばんそうこう》を貼って登校するという具合だ。

だが、女子校の中で、級友たちは「私はできません。島さん、やって」と野田の行動力、統率力を頼りにした。「手帳に書かれた校則がことごとく不満で」、中三で生徒会長に就任し、生徒主導の文化祭を実現。「改革路線続行のため」に桜子を次期生徒会長に推し、級友をオルグして回った。サッカー部の創設に奔走してキャプテンとなり、自らはセンターフォワード、桜子をウイングにあてた。

「石橋を叩かずに走って、石橋を叩いて歩く桜子を強引にずるずる引っ張っていき傷だらけにしてしまう。私はずっとそう」

桜子は、遅刻と忘れ物の王様だった姉の分まで笛や聖書を用意して登校するのが常だった。姉と違うカラーを持たなければ私の存在価値はないと、すべてに一番、完璧少女の道を目指し続けた。

「私がパスしたボールで姉がシュートするのが、当時から最高の喜びでした」

野田が議員になると、大学で政治学を教えていた桜子は自ら秘書を買って出る。

思春期の野田は、家中のガラスを蹴り割るほどマグマをためていた。裏表のない規格外れは、いつも先生に怒られる。バイクの免許を取るための教習所通いが学校にバレたとき、母は「やめれば」と言った。ここにはいられない。高校二年の夏、米国ミシガン州の高校に留学する。

留学中に、父が勤めを辞め、家を出た。野田は、人種差別と挫折と恋を知ったアメリカで勉強を続けたかったが、母に懇願されて一年で帰国する。上智大学を卒業するまで、父には会わなかった。岐阜県議に当選した後に、両親は正式に離婚したが、そのことは地元でも公表していない。

「隠すつもりはない。それは両親のプライベート、私の政治活動とは関係ない」

父の不在は残された家族の結束を強めた。もともと人の出入りは多かったが、家の中は子供の仲間や恋人、留学生で溢《あふ》れかえった。母は娘の友達に麻雀《マージャン》でわざと負けて小遣いをやり、ご飯を食べさせた。野田は母を守るのは自分の役目だと思っていて、今も、夫が家を出た後のわずかな時間を同じフロアに一人暮らす母と過ごすのが日課である。

「私、宝石箱の中身はちょっとでいいの。箱の中にいてくれる限り全力でみんなを愛そうと思う」

父が、祖父の後援者から持ち込まれた岐阜県議選出馬の話を電話で伝えてきたのは八六年の夏だった。帝国ホテルに勤めて三年目、「総支配人になる」と公言し、女性初の営業として海外出張が決まっていた。なのに「やるよ、やるよ」と即答した。潜在的に政治家への野心はあったからだが、そのとき、父は言った。

「将来のため、教えておく。そういう場合は、二、三日考えさせてくださいと言うものだ」

政界を引退していた祖父と母の猛反対を押し、野田は紙袋二つに着替えを詰め、岐阜駅に降り立った。その日から、カンカンと階段が鳴るアパートの八畳間がねぐらとなった。「六十歳以上の男の県議の中に二十五歳の女が入ることが革新なのだ」と言う後援者たちの指示通りに赤い服を着て、頭を下げ、喋った結果、七位当選を果たし、県議のバッジを胸に飾る。

「県議の頃は最低の政治家でした。天狗になり、女性であることを負い目に感じて強く出たりした。何であんなに心も体もコントロールできなかったんだろう」

野田が「政治家になった」のは衆院選に落選して以降だ。落ちた瞬間、周りから人が消えた。「次も頑張ります」とサバサバ敗戦の弁を語ったものの、その夜、桜子と二人になると布団にもぐり声を殺して泣いた。すべてを失った気分で、外を歩くのも恥ずかしく、怖かった。

9万件の家を回り、歩き過ぎで左足を疲労骨折／握手する手の皮膚が破れた

なんとか前を向いて歩き出せたのは、それから八年筆頭秘書を務めた國島守《くにしま》はじめ、自分のために奔走してくれる人たちがいたからだ。國島は、失意の野田を「俺が運転手をしてやる」と、経営する会社を放って支えてくれた。

「父にぶつけられなかった愛情を國島さんや後援会の幹部にぶつけた。選挙って、みんなに甘えることだからね」

だが、父も「お前を応援するのは娘だからではなくいい素材だから。お前を当選させるためには父親役を演じてやってもいい」と言って岐阜に入り、連日、娘のために頭を下げた。「子供が挫折したときに再生に手を貸すのが親の役目です」と話す稔は、県議選から三度、娘の選挙費用を全額出している。

三年半の間、九万件の家を回り、毎晩、いくつもの宴席に顔を出した。歩き過ぎで左足の踵《かかと》を疲労骨折し、握手する手は皮膚が破け、人指し指の軟骨が現れた。「若い女に何ができる」と冷たい視線の中で髪をおばさんへアーに変え、ゴム入りのスカートを履いて老けて見せたりもした。

知性のかけらもない毎日、屈辱的な場面のなんと多かったことか。「はよ嫁に行きや」「出ていきや」と追い払われ、「おっぱい触らせてくれや」「票やるからパンツ見せてくれや」とセクハラの限りを受けた。野田が自分からエッチな話を男性に仕向けるのは、経験から学んだ保身術である。

「先手必勝だよ」

落選当時は恋人とは別れ、仕事も宙ぶらりん。せめて家庭を持って精神的な安定を得たいと見合いしたが、「人が苦労しているのにお前だけが幸せになるのか」と周囲に反対されて断念するしかなかった。大学時代のスキー部の集まりにも顔を出せないほどに自信をなくし、人に言われるまま「何もわかりませんが頑張ります」と頭を下げていた。

細川政権が誕生し、自民党が野に下り、田中真紀子が初当選した九三年の総選挙で、十三年ぶりの自民党女性衆院議員となる。ようやく自尊心を取り戻した野田であったが、自信回復までには時間がかかった。そこは女はバカだという差別意識が常識の男社会だったからだ。

「自分でももしかしたらバカかもしれないと思い込んじゃった。鍛えたことがないから自分の力もわからず、バカを克服するためにはとにかく勉強しかないと必死だった」

「努力は報われる、地道が一番」がモットーとなる。過密スケジュールの中で「女は目立つから」と選挙応援を頼まれても、党の言うことには一切逆らわない。義務を全うすることで言いたいことは言わせてもらう。後に政務次官の座が巡ってきたときは防衛庁を希望した。望みは実現しなかったが、女への偏見を払拭《ふっしょく》するために「硬派な政治家として骨格を作りたかった」のだ。靖国神社参拝なども、つまりは男と同じ階段を上ろうとする彼女の戦略なのだろう。

　二期目は、新進党の松田岩夫との一騎討ちで、選挙中一〇キロ痩《や》せた。間違って松田に当確が出た瞬間、一階にいたゼネコン関係者が一斉に出て行き、野田に当確が打たれると戻ってくるのが三階の窓から見えた。

「人間の業を学びました」

　郵政政務次官を経て、九八年、小渕内閣誕生で戦後最年少大臣として郵政相に就任する。実はこのとき、野田は小渕の対立候補だった梶山静六《せいろく》の陣営で動いていた。総裁選の票集めなど本当は好きではない。

「今回は自分の政策を一番実現してくれる高村《こうむら》正彦さんを推した。でも、選挙は政策は二の次というダブルスタンダード。まず勝たなきゃという前提で動いてるし、しめつけはあるし。やってとっても虚しかった」

　大臣就任の報《しら》せを聞いたのは、若手の残念会のカラオケで浴びるほど飲んで帰ったばかりの明け方だった。敵軍の将がまさか自分を見ていて、招いてくれるとは。仲間はできてもどこか孤立感を拭《ぬぐ》えないでいたから、この世界も捨てたもんじゃないと嬉しかった。だが環境庁長官と打診され、知らないジャンルは無理、郵政相しかできないと、野中広務《ひろむ》に電話をかけた。野中は「厚かましいやっちゃな」と言いながらも希望を叶《かな》えてくれた。

三十七歳の女性大臣誕生はマスコミを賑わしたが、取り上げられるのはパンチラ写真や男性議員と王様ゲームをしたといった女ならではの内容ばかり。しかも若手自民党議員からは、「女は得だ」と総スカン。郵政族から役所へ大臣批判が殺到し、スキャンダルを流された。

自分は何でも包める風呂敷／自民党という車を駆って、理想を目指して走るのだ

「引きずり降ろそうとする力があんまり凄《すご》いんで、ひっぱられて足が伸びちゃいましたよぉ」

しかし、野田にも隙《すき》はあると親友の浜田靖一《やすかず》衆院議員は指摘する。浜田は、カラオケで官僚と歌う姿を見て、媚びるなと野田を叱ったことがある。

「気を使い過ぎ。女だから甘えているようにも利用しているようにも見える。ここは妬《ねた》み嫉《そね》みの世界。純粋な人だから政治家として伸びて欲しいので、仲間うちで守っていく」

大臣を退いた後、野田は自ら進んで誰もが嫌がる国会対策委員会で「雑巾《ぞうきん》がけ」に励む。委員長の古賀誠が幹事長に就任したのに伴い、女性初の筆頭副幹事長に抜擢《ばってき》された。政策しか目に入っていなかった彼女が、政策を通すための政局を読む術《すべ》を学んだ時期だ。

「世の中はみんな自分と同じ価値観の人じゃない。ずるっこいかもしれないけれど、自分の正義を通すために駆け引きは必要です」

古賀は、本会議場での議事進行係をやるかと打診したとき、野田がためらいもなく「はい」と答えたことに感心したという。

「いい度胸だと思った。彼女が素晴らしいのは自分の意見と意志を持っているところ。今の男の代議士が失ったものを、女の彼女が持ってるのが魅力だな」

一人息子を連れて夫が赴任する英国に留学する計画を進めていた桜子は、姉の大臣就任で学問の道を断念した。姉は「人は大臣である限り守ってくれるけど、代議士の野田聖子を守れるのはあんたしかいない」と言った。いつ選挙があるかわからないから第二子は産めない。だが政策を作ることができて、仕事はやれる。姉が理想の政治家を目指す限りは共に歩いていく。児童売春禁止法を成立させ、少子化対策法案、障害者問題等が姉妹の共同作業として進行中。二人とも事実婚を選んでいる。

選択的夫婦別姓推進派の野田の事務所には、さまざまな嫌がらせがある。「末代まで祟《たた》ってやる」といった手紙が舞い込み、「あんなことしてたら票は入れてやらない」と、電話がかかってくる。自民党議員の中にも口をきいてくれない人がいる。先輩議員の女性蔑視発言を朝日新聞紙上で諫《いさ》めたときは、発言者たちが目を合わせてくれなくなった。

「ここで屈したら既得権を守ることしかできなくなってしまう。当選回数を重ねると、まっとうな感性がすり切れていくけど、それは私には耐えられない」

野田にとって、政界も自民党もそれほど居心地がいい場所ではない。嘘がまかりとおり、悪意ある噂が故意に流される。ここで生きていかなければならないのか。自分は最低の人間かもしれない。ああいやだ、こんなのやってられないと逃げ出したくなる。だが、国民を幸せにするアイデアを実現できるのは、この上もなくチャレンジングで気分のいいものだ。気性に合っている。役割は見えてきた。

「私は何でも包み込める風呂敷みたいな人間で、権力はうまく使え、実を取るという主義。自民党には、私が走っていくためのエンジンとハンドルがある」

日本初の女性首相という呼び声も高いが、と水を向けた。

「なるとしたら自民党がめちゃくちゃ悪いときでしょうね。いいときに男がポストをくれるはずがない」と答え、「すべてを五十歳までで終えたい。二十四時間オーバーキャパで働いてるのでもうそんなにもたないよ」。もうちょっと、もうちょっと。自分に言い聞かせながら野田聖子は頂上を目指す。

『アエラ』二〇〇三年十月六日号掲載

3 闘う女

社会学者

上野千鶴子

日本一
ケンカが強い
学者

写真　松本路子

十月初旬の新宿・紀伊國屋ホール。この日、上野千鶴子は二世代下のフェミニスト、北原みのりを相方にして最初からぶっ飛ばしていた。

「お帰りなさい！　上野さん。久々にフェミニズムの本を読んで、溜飲《りゅういん》が下がりました」

「最近の上野は癒やし系ですからね。せっかくいい人になっていたのにこんな本書いてしまって、また評判が悪くなります」

「女嫌いニッポン！」と題したトークイベントは、上野の近著『女ぎらい――ニッポンのミソジニー』の刊行を記念して開かれたものだ。

「男が男になるために、女でないことを証明する。それがミソジニー。男にとっては女性嫌悪となり、女にとっては自己嫌悪となるんです」

トークは男社会のミソジニーを巡って進められたが、そこは下ネタも持ちネタとする二人。演劇の老舗《しにせ》舞台に「おまんこ」という言葉が打ち上げ花火のように炸裂《さくれつ》し、春画の意味が繙《ひもと》かれて、セクシュアリティの話にまで及ぶ。「お友達にヘテヘテ（ヘテロセクシュアル）のちづちゃんと呼ばれてるの」と上野が打ち明ければ、北原が「ほら、そんなこと言えば、またヘテヘテと言われちゃいますよ」と突っ込む。サービス満点の掛け合いに、会場を埋めた三百四十名が沸いた。

上野は終始上機嫌で、最後に男性客が的外れな質問をした時も笑顔を消すことはなかった。その昔、さる自治体の講演会で、先に壇上に上がった主催者代表の男の挨拶を、マイクを握った瞬間めった斬りにした上野とはまるで別人だった。

だが、上野はやっぱり上野。それから一カ月後、歴史家の加藤陽子の著作『それでも、日本人は「戦争」を選んだ』を主題にしたセミナーで、鶯色のヴィヴィアン・タムを着た上野は、加藤と映画監督の森達也を相手に戦闘モード全開だった。

「今日の集まりは何のため。何か足りません。おふたりの話には女性がひとりも出てきません。戦争語るのにジェンダー抜きにはありえないでしょう」

いつの間にやらトークの進行を握った上野に「先生と呼ばないで」と釘を刺された加藤は、何度も「上野先生」と口にしては、そのたびに「抑圧があるんですね」と苦笑した。繰り返し「森さんにしては乱暴で単純な見方」と攻められた森は、とうとう「こわ〜」と小さく呟《つぶや》き、頭をかいた。

客席で拍手を送っていた医師の村崎芙蓉子《ふよこ》は、上野をつる女《じょ》と呼ぶ。

「つる女はちっちゃいのに、半径五メートル以内は彼女の戦闘フェロモンに薙《な》ぎ倒される。でも、有り難いことにはこちらの戦闘フェロモンの分泌も盛んになります。これは脳のセロトニンとドーパミンの活性化の刺激にもなり、老いの身には何よりです」

なぜ女たちが上野に惹かれるのか、その答えは村崎の言葉に象徴されるだろう。『おひとりさまの老後』で「これで安心して死ねるから」と説いた親切な先生しか知らない全国七十五万人の読者の方々、優しい語り口に騙《だま》されてはいけません。「上野さんが老いに行っちゃった」と嘆くファンのみなさん、ご安心ください。上野千鶴子は変わらず、あの悪名高きフェミニストであります。「私のアイデンティティーの一番目が個人であることだとしたら、フェミニストであることはその次にくる。散々フェミ捨ててどこかへ行っちゃったと言われたから、今度の本でそうじゃない証拠が出せてよかった。書きながら、自分の怒りがこんなにフレッシュかと実感したよ」

母との葛藤／孤独な少女時代

フェミニストで、社会学者にして東大教授。別名「日本一ケンカの強い学者」。そんなわけで、世間の上野に対する最大公約数のイメージは「怖い」と「頭がいい」。普通なら五分で書く企画書を上野に宛てる場合二時間かかったなんて編集者は、ごまんといる。怖い＝畏怖。では本当に怖いのか。はい、怖いです。人懐っこい優しさのすぐ後で冷笑を浴びた人、ほっぺたを張られた人は数知れず。

編集者時代に評論家への道を拓《ひら》いてくれた上野に私淑する、明治大学准教授・藤本由香里は言う。

「怖くて優しい人。こちらがどれくらいちゃんとやっているかを鋭く見抜く。少しでも甘いところがあると厳しく、力を尽くした時には的確にほめてくれます」

上野ゼミに潜り込んだ体験記『東大で上野千鶴子にケンカを学ぶ』を書いたタレントの遙洋子は「私、アホや」と落ち込んでいる時、上野に「あなたは賢い。ただ教養がないだけ」と慰められた。トラブルを回避しようと自分を曲げた時には、「失望しました」と容赦なかった。

「地雷踏むと額に血管浮かべて怒りはるの。お花のついたつば広帽子かぶってはったりするから、メルヘン台無しやわと微笑ましいんだけど」

『おひとりさまの老後』の編集者、弘由美子はフェミ業界とは無縁で、上野への恐怖心ゼロという珍しい編集者だ。だから、プロモーションのためにテレビ嫌いの教授にフルメイクを施し『徹子の部屋』に出演させるなんて芸当もできたのだが、収録が終わった深夜、上野から電話が入った。「パンダみたいになってどうしたらいいの」。マスカラ初体験の上野は、そのとり方を知らなかったのだ。

「デパ地下に案内した時は、目を輝かせてオリーブを五〇〇グラムも買って。止めるのが大変でした」

弘がその本性を垣間見たのは、上野が運転するBMWのオープンカーの助手席に乗った時だ。トラックが走っていると「前にデカいのがいるとイライラする」と、必ず追い越しをかけた。

そう、これが上野だ。反射的に立ち塞がるものに向かっていく反逆の心、配慮はあっても遠慮のない「女らしくない」もの言い。無論、それらは生い立ちと無関係ではない。

戦後のベビーブーマーど真ん中、一九四八年、富山に生まれる。開業医の父、専業主婦の母、兄、弟、祖母の六人家族。家長の父に溺愛《できあい》されわがまま放題に育った環境は、当人曰《いわ》く「フェミニストになるのにはもってこいの環境だった」

「つまり日本の娘が一番に当然教えられるべき躾《しつけ》、我慢するということを教わらなかった。その代わりたくさんの授業料を払いましたよ。そこら中で頭打ってますから」

嫁姑がいがみ合い、両親は不仲で、母は「お前たちさえいなかったら離婚するのに」と子供に向かって愚痴を言った。兄弟には医学の道しか許さない父が、娘にそれを強いることはなかった。なぜなのかと、小さな上野は考えた。社会学者に必要な観察眼はすでに芽生えていた。

「目の前で両親を見て、私の運命は父のようになることではなくて母のようになることだとわかるじゃない。母はカウンターモデルでした」

上野にとって父は「ポジティブにもネガティブにも最も影響を受けた」アンビバレントな存在であるが、母への思いはさらに複雑だ。母は、娘に「離婚したらあなたはパパについていくのね」と言った。長じて進学や恋愛など人生の転機で重大な選択をしなければならなかった時、サポートをしてくれなかった。

「私が子供を持たなかった理由の一つは、母と私の関係を再生産すると思ったら耐えられないから。私とよく似た娘がいたら、もう本当に肺腑《はいふ》をえぐられますからね」

父が選んだ金沢の二水高校に入る頃には、「女であることを受け入れるのがものすごく辛い」ミソジニーを抱えた不機嫌な少女ができあがっていた。成績は常にトップ、さんざめく女子生徒の群れには入れず、新聞部の活動に明け暮れて、書物に耽溺《たんでき》した。孤独が友達だった。

「現実が楽しくないから書物に逃避すると、そこには人生や結婚や愛情や友情やありとあらゆるものに対する幻滅や失望が書かれていて、世の中こんなものかって醒《さ》めてしまう。そんな少年少女の一人だったわけ」

自転車に乗ることも「危ない」と父に禁じられた少女は、将来の夢など真剣に考えることはなかった。高三で理系クラスを選んだのも、進学に際して男女別学となる時にそのクラスだけが男女共学だったため、つまりは女からの逃避だった。

「女の世界にすごく恐怖があった。もう一つの理由は目の前に金沢大学医学部があって、選択肢は残しておこうと数Ⅲまでやってたの。でも、十八歳の私は食いっぱぐれのない人生はつまらんもんやなあと思って、考古学者になろうと考えたんだ。世間の役に立たないことをしたかった」

学生運動という〝負け戦〟で学んだこと

家庭がフェミニスト上野を発芽させた場所だとしたら、発酵させたのは大学である。ベトナム反戦を旗印に世界でスチューデントパワーの火の手が上がっていた六七年、京都大学文学部入学。その年の十月八日、第一次羽田闘争が起こった。佐藤首相のベトナム訪問阻止を叫んだ全学連の学生と警官が羽田周辺で激突し、京大の同期生が死亡した。保守的な街と親から解放されて自由を謳歌《おうか》していた上野は追悼デモに参加し、これをきっかけに全国で激しく燃え上がった学園闘争の渦に突っ込んでいく。

「おかげで出来のいい子から脱皮できた。学生運動の理想主義の中には直接民主主義があったのよ。三つ子の魂で、私は支持政党ゼロなの。すべての政党より私がもっと過激だから。そんなある種の政治的な理想主義は、この年だって持ってるよ」

当時の運動仲間によれば、十人に満たない京大女子の活動家の中で上野はひときわ頭の回転が早く、会議でも臆することなく異議を唱えて男子学生をタジタジとさせていたという。勉強家でもあった。京都には今も、上野のオルグに失敗した、上野を口説いて断られたと言う男たちがいる。自身はこの時代を検証する本を編み、「あれがなかったらこうはなっていない」と言いながら多くを語りたがらない。

全共闘運動は女性差別を内在していた。自由平等を謳いあげる男たちが女子学生を二流市民扱いし、セクトによっては性欲処理の対象としてしか見なさなかった。

「世界的にもリブの担い手が元新左翼活動家、同志に裏切られた女であったというのは当然だよね。でも、その頃はまだリブも生まれていなくて、必死に森崎和江を読んでいた」

六九年一月安田講堂陥落、その半年後、京大のバリケードは機動隊によって解除された。上野はそれから一年間大学に行かなかった。

「着地のない運動になってしまった。負け戦の時に人間の持っている質や信頼性が一番よく表れるんだよ」

ラディカルだった闘士が指導教授を仲人に結婚式を挙げる。その一方で就職や昇進をふいにした者や、大学に見切りをつけて去っていった者がいた。才能や能力がある者がそれに相応《ふさわ》しい場所を与えられるとは限らない。七二年には連合赤軍事件が発覚、リブの古典的名著『いのちの女たちへ』を書いた田中美津が、リブ新宿センターを立ち上げた。

「連帯を求めて孤立を恐れずという言葉があるけれど、やっぱり、集団になってしまう時の恐ろしさというのがあって……。私が運動の中で学んだことは、一人になることだった。だからリブやフェミニズムの運動が始まった時、手をつなごうなんて思わなかった」

「男と権力は使いよう。使ったもの勝ち」

大学院生という先の見えない暗澹《あんたん》たる時間を男と付き合うことだけに費やしていた上野に光を与えたのは、あれほど恐れていた女だった。「国際婦人の十年」が始まった翌々年の七七年、誘われて女性学の集まりにおずおずと顔を出したのだ。そこには自分と同じように孤立感や疎外感に悩む女たちがいた。誰もが魅力的で知的で、優しく、寛大だった。生まれてはじめて女子文化に浸った。一緒にショッピングして、喫茶店でケーキを食べる。同じ女だから許し合える関係は、これまで経験したことのない寛《くつろ》ぎと安らぎをくれた。

「女が信じるに足る生き物だってことを学んで、一人であることの辛さから抜け出せたよね。あの時の女たちには感謝してもしきれない」

少女の頃からの怒りや葛藤は、女性学というフィルターを通すと、自分だけの問題ではなく構造的な問題として立ち上がってきた。上野は、自分自身を研究対象にすることでミソジニーから解き放たれてゆく。

「嫌悪していた自分の女性性と折り合いをつける時期に、日本に上陸したばかりの女性学と出会った。自分がらくになるためにやったんだよ」

三十歳で、二十三通目の公募書類が通り、平安女学院短期大学の専任講師として就職。フェミニズムを「生き延びるための思想」と呼ぶ上野は、教師になって学生に何を伝えてきたのか。

「基本は、自分を大事にしなさいということ」

フェミニスト上野は最初から攻撃的で、戦略的だった。松田聖子と林真理子が時代のアイコンになる中で、フェミ陣営の拡大を図り、女のネットワークを「女縁」と名付け、「主婦論争」を仕掛け、「アグネス論争」が起こるや誘われもしないのに参戦。『女遊び』『スカートの下の劇場』とタイトルをエンタメ化した本を発表し、女だけではなく、男たちをも次々手玉にとっていく。

「名誉を求めず、欲もない人を何で動かすのか。実際に動く時は、運動経験が大きかった。能力は、みんなでOJTで身につけていったんだよ」

心理学者・小倉千加子の出世作『セックス神話解体新書』は、大阪府立婦人会館で小倉の講演を聴いた上野が、世に送り出したものだ。小倉の証言。

「保守的な短大という組織の中で目茶苦茶面白い授業をし、街に立ってビラを配り、地方の公民館に啓発に行く。売名行為なんて気持ちは微塵《みじん》もなく、あんな小さな身体で、世の中のために一所懸命動く。上野さんは、群衆の中に入っていく生きた学問を実践するモデルでした」

専業主婦だった向田貞子と山田芳子は、上野に誘われて「女縁社会」の調査に加わり、これをきっかけに仲間と五十歳を過ぎて会社を作った。

上野は、調査方法から文章のまとめ方まで指導しながら、「香典の書き方教えて」「ふりかけないとご飯食べられないの」と先輩女性に甘えた。

「自分の持っているネットワークで女の人を引っ張り上げていくのがあの人のやり方。〝一生に一度のお願い〟を何度もきいてもらいました」

上野の後押しを得て女性情報総合サイト「ウイメンズアクションネットワーク」を主宰する中西豊子は、三十年以上、上野の身近にいる。

「あの当時、女性学をやっていますという優秀な人はいっぱいいたけれど上野さんは別格でした。プロデュース能力、マネジメント能力もあった。人の面倒みはるのも、面倒みさせるのも上手。何でもできはるし、何でもわかってしまいはる。それは幸せか不幸か」

「男と権力は使いよう。使ったもの勝ち」と言って憚《はばか》らない上野のやり方はさまざまな場所で顰《ひん》蹙《しゅく》と反発を買い、時には「利用主義」「商業主義」と身内からも批判を浴びた。自身、そのことはわかっている。

「私は策士だよね。本当はリーダーより参謀格。そこがあの人の嫌なところと言われてるんだよね。私の生涯の悔いは、なのに自分が板の上に乗っちゃったこと。うちの業界は役者不足だった。もっと売り込める人がいたら売り込んでたよ」

『女遊び』を編集した星野智恵子は、同時代人として上野を見てきた。

「頭がよくてもお嬢様のまんま。誤解されやすい口のきき方するから感情的な軋轢《あつれき》を生み、仲間からも大々的な批判を展開されたりする。でも、前から後ろから飛んでくる石礫《いしつぶて》にゴンゴンあたりながら怯《ひる》まない。立派です」

深夜の研究室で黙々と書き続ける推薦状

上野の父は晩年、愛してやまない娘に「女が仕事をするのも悪くないな」と声をかけたという。

これまでに出した本は単著で三十冊、共著や編著を含めると百二十冊を超える。その中には、『近代家族の成立と終焉』、『家父長制と資本制』など本業での成果も多い。「女」「介護」「老い」など上野の研究テーマは広いが、すべて「私が当事者だから」だ。

そんな上野の日常は、六十二歳になっても超がつくほど多忙だ。大学で教え、講演をして、原稿を書き、社交の時間を持つ。取材場所には疲弊しきったボロボロの顔でやって来て、重たいバッグの中から山のような付箋が貼られた資料を取り出すのが常である。夕食の後、十一時になっても「仕事が残っている」と研究室に戻って行くことも珍しくない。

「優等生だから。単に生活習慣」と醒めた言い方をするのは上野のいつものポーズだが、本音はこちら。「イチローと同じよ。ホームラン打たなくたって打率は確保したいじゃない」。では、深夜の研究室で黙々と何をしているかといえば、山のような推薦文や推薦状書き。人に「なぜあんな人を推薦するのか」と非難されても、頼まれれば断らない。

「東大教授というのは付加価値の大きなポジション。私はさる方に拾われてここに来たんだけれど、これは私の私有物ではなく公共財だから、使える資源はどうぞご自由に使ってくださいという気持ちがあるの」

ベストセラー作家の東大教授は、女であっても強者である。だが、元京大全共闘、あの敗北の体験を芯に抱える上野は、誇りにかけても権力を一人占めしない。自分の手に入れたものを使って女たちに手を貸し、人を育ててきた。カウンセラーの信田さよ子は、上野ゼミを聴講した時、学生への指導ぶりに「こうして人を育てるのか」と感激したという。自身もはじめての雑誌に寄稿する時に、上野から文章の書き方を懇切丁寧に教わった。

上野千鶴子

「上野さんを見ていると、役割は自分で作るものじゃなく、付与されるものだと思う。先頭を走ってきた人の宿命で、敵もたくさんいる。いつも、やるしかないでしょと言ってるけれど、なかなかああはできません」

毀誉褒貶《きよほうへん》が雨霰《あめあられ》のごとく降りかかる中、身長一五〇センチの身体で日本のフェミニズムを牽引してきた。

「自分のやってきたことを肩身が狭いとか、恥ずかしいとか思ったことはただの一度もない。やり残したこともない。ただ、不全感は山のようにあるよ。ネタを熟成させる時間がなくて、早産で産み落とした本がたくさんありますからね。もちろん、フェミニストの看板はこれからも降ろしません。それは主義主張というよりも、自分の思想を作るのは他人の言葉だから。フェミニズムを作ってきた女たちの言葉が私の思想を支えている。だから、私は彼女たちに借りがある。借りがあるから返さなきゃいけないと思っているのよ」

いつだってフェミニズムへの逆風は吹きやまない。つる女の女たちへの恩返しはいつまでも続くのである。

『婦人公論』二〇一〇年十二月二十二日・一月七日号掲載

プロレスラー

長与千種

女子プロレスブームの立役者

写真　奥野安彦

一月の寒い夕方だった。東京都大田区のアールンホールでは、選手の手で設営されたばかりのリングの下で、十七歳の少女が女子プロレス団体ガイア・ジャパンの入団テストを受けていた。縄跳び三分、反復横跳び一分、腕立て伏せ五十回、腹筋五十回、ブリッジ二分を終え、スクワット二百回までようよう辿《たど》り着く。息が上がり、脚が動かない。そのとき、会場の片隅にいた長与《ながよ》千種《ちぐさ》がリングに駆け上がってきた。「あと十回やってくれる?」

長与は、「あと十回」を五回繰り返し、少女が「二百五十回ーッ」と声を絞り出したところで「よし、倒れていいぞ」。そしてゆっくり周囲を見回した。「みなさん、どうしましょう。彼女を迎え入れる人は手を挙げてください」。息を殺していた選手たちがそろそろと手を挙げる。

「合格です。泣くのは早いぞ。もうちょっと身体、絞ろうな」

わっと泣き出した少女に、長与ははじめての笑顔を向けた。

一時間後。歓声と紙テープが乱舞するリングサイドで、少女は両手を握りしめていた。コーナーから一回転ダイビング、マットを突き刺す長い髪。キック、殴打が炸裂《さくれつ》する。真っ逆さまに落ちる一〇〇キロ。場外乱闘。マットに叩きつけられる肉体の凄《すさ》まじい音。諦めないフォール。ボンデージ風あり、ランジェリー風あり、ウルトラマン風あり、個性を主張する衣裳をつけたレスラーたちの熱血ファイトに場内はどよめき、ヒートアップした。

後日、この日のことを訊ねると、長与はテレた。「きっと、彼女は今の自分が嫌で、変わりたいから来たんでしょ。よく一人で来たなと愛《いとお》しくなりました」

今、七団体が競合する女子プロレス界は冬の時代である。五年前に老舗《しにせ》の全日本女子プロレス（全女）が倒産、地盤沈下が激しい業界の中で、長与率いるガイアの興行はダフ屋が出るほどの人気だ。東京・後楽園ホールの正月興行では、ビデオやグッズ、「好きな選手に質問できる権利券」等が入った一個一万円の福袋が百個売れた。客層は幅広く、老若男女。家族連れやカップルに交じって、どの会場にも姿を現す追っかけも多い。

なぜガイアの一人勝ちなのか。長与、ライオネス飛鳥、アジャ・コング、デビル雅美、豊田真奈美、尾崎魔弓などスター選手が出場する。大河ドラマのごとく、試合毎《ごと》にストーリーがあるから目が離せない、試合がハイレベル。と、理由はあれこれ数えられる。が、要約すれば、選手全員にバイトしなくてすむだけの給料を払えるのはガイアだけ。つまりは、古い興行体質から抜け出せない他団体に対して、ガイアはプロレスを健全ビジネス化した、と専門家の結論は一致する。

ガイアの道場は、新横浜駅から車で十分、畑の真ん中にある。正面奥の神棚の前には、実戦用と同じ六メートル四方のリング。両側にはマットが積み上げられている。看板工場だった百坪の建物は高さが七メートルあり、選手はトップロープから思いっきりジャンプできる。電話の前には「緊急以外私用電話禁止」の貼り紙。二階は新人のための寮だ。近くの畑で無農薬野菜を育て、自炊する。

この日、長与は近くのジムで二時間過ごした後、道場にやってきた。身長一六六センチ、体重八五キロ。二年前に左肩を手術し、両膝《りょうひざ》を含めて三カ所にメスが入った。足首を脱臼、胸骨と肋骨《ろっこつ》は骨折。腰も首も悪い。「いろんな部品が足らない」肉体には、日々のトレーニングとケアは欠かせない。スパーリングを終えた選手たちの足元を、三匹の犬がまとわりつく。食事の支度に取りかかった若手選手に、長与が話しかける。「ねえ、プロレスやめたら何ができるかな」「保育所はどうです?」「引っ越し屋さん、いいですね」「お弁当屋さんもできますよ」

長与は、数々の伝説を残す女子プロレス界のカリスマである。育ての親、全女の松永国松社長は、プロレスをするために生まれてきた天才だと、愛弟子《まなでし》に目を細める。

「淋しい生い立ちのあの子の心の中には人を喜ばせたい、興奮させたいという気持ちがうんとある。それがレスラーという仕事でワッと出てきたんだ」

長崎県大村市に生まれた。七つ上に母違いの姉と、七つ下に弟がいる。実家はバーなど飲食店を手広く経営していたが、母は店の切り盛りに忙しく、父が長与の教育係だった。元競艇選手の父、繁は、娘に男の子であることを望んだ。短パン姿でぼっちゃん刈り。怪獣や車のオモチャ。体罰主義で、革のベルトでお尻を打つのが躾《しつけ》だった。銭湯の男湯で、「なぜおいにはチンチンがない」と聞くと、父は「もうすぐ生えてくる」と答えた。

手首に「プロレス命」と彫り、男子生徒と喧嘩／包帯だらけ／「行かんば死ぬ」。15歳で入門

幼稚園のとき、母が赤いエナメルの靴を買ってくれた。嬉しかったが、履くと父に叱られるので、下駄箱にしまい、毎日眺めていた。それから赤い色が好きになった。小学校入学の朝、枕元には赤いランドセルと黒いランドセルが置いてあった。父と母が別々に用意したものだった。両方とも溝に捨て、ズックのショルダーバッグで通学した。

「選べなかったんです」。幼い長与は、父の期待と母の願望を同時に叶《かな》える術《すべ》を知らなかった。

十歳のとき、父に連れられて大村に巡業に来た全女の試合を観た。マッハ文朱《ふみあけ》が大きくて、カッコよかった。試合中、なぜか涙が止まらなかった。プロレスラーになろうと決めて、男の子ばかりの空手道場に入門。学校から帰ると、空手着に着替え、タイヤを括《くく》りつけたロープを腰に結わ

えて町を走った。
玖島《くしま》中学に上がる頃には、長与のレスラー志望は学校中に知れ渡っていた。コンパスの針で手首に「プロレス命」と彫り込み、他校の男子生徒と喧嘩しては年中包帯だらけ。男言葉を使い、セーラー服のスカーフをとってガニ股で歩く溌剌《はつらつ》としたソフトボール部の少女に、それはいかにも相応《ふさわ》しい選択だった。だが、レスラーになりたい理由は他にもあった。

小学五年のときに実家の商売が破綻し、両親は借金を返済するために神戸へ働きに出た。長与は姉や弟とも離れ、親戚の家を転々とする。裕福だった環境から一転、遠慮することばかりを覚えた頃、母の働く姿を見た。自慢の綺麗な母が、場末の飲み屋で酔客を相手にしていた。母に家業を任せ、浮気三昧《ざんまい》、揚げ句の果てに保証人の判をついて一家離散を招いた父に代わり、自分が、母を守ってやらねばならない。

母のスエ子がプロレス行きを反対すると、娘は「行かんば死ぬ。十万円稼いでくるたい」と頬《ほお》を光らせた。『月刊平凡』に載った全女のプロレスラー募集広告には、「給料十万円」とあったのだ。「町から逃げたかっただけです。大村での自分が好きじゃなかった」と、長与は多くを語らない。高校を受験する級友たちに合格祈願のお守りを贈り、「絶対に一流になります」と道場仲間の前で誓った十五歳の少女は希望に胸を膨らませて上京、当時たった一つの団体だった目黒区の全女に入団した。一九八〇年春のことである。

しかし、そこは夢見た世界とはほど遠かった。給料は一万円しかもらえなかった。食料は米しか支給されず、毎日、ご飯をタバスコで炒《いた》めて空腹を満たした。先輩後輩の関係は異常に厳しく、何度か泥棒の濡《ぬ》れ衣《ぎぬ》をきせられた。観客の大半は中年男性。試合中、卑猥《ひわい》な野次が飛び、時に花道やリングの上にまで手が伸びてきた。嫌なことだらけだった。が、何より「リングの上でしか自分を表現できなかった」長与は、思いっきりプロレスができないことに苛立《いらだ》った。

長与はひどく痩《や》せていて、飢えたような目つきといかり肩で、みんなに誤解されているように見えた。「許せないものは絶対許せないというのが千種の性格。縦社会の中で納得いかないことがたくさんあったと思う」と、後にタッグを組むライオネス飛鳥は振り返る。

空手を封じられ、試合を外され、女子プロの「決まり事」に泣く／なぜ自分は男じゃないのか

当時の女子プロレスには、ある種、伝承芸能の匂いが色濃く残っていた。キックや張り手は禁止、得意技は先輩から後輩へ受け継がれるもの、チャンスは上から順番といった決まり事が多かった。空手を封印され、型にはまった試合を強いられることに閉塞感が強まった。全身にストレス性の蕁麻疹《じんましん》が出て、試合から外される日が続いた。デッキが壊れるほど男子プロレスのビデオを

繰り返し見た。なぜ自分が男じゃないのかと悔しがった。

長与に転機が訪れるのは、会社の命令で、飛鳥とタッグチーム、クラッシュ・ギャルズを結成した入団四年目の夏だった。自分と同じ鬱屈《うっくつ》を抱える飛鳥という同志と共に、先輩に褒められる形式重視のプロレスを捨て、リングの中をやりたい放題に暴れ始めた。客席から男性客が姿を消し、やがて少女たちが会場を占拠する。クラッシュブームは、およそ四年にわたって日本中の女子中高生を席巻《せっけん》した。それは、少女による少女のための女子プロレス革命であった。

スターも25歳で「定年」／芸能界ではキワモノ扱い／「レスラーを女性のキャリアに」

すでにマッハ文朱、ビューティーペアという女の子にアピールするレスラーは登場していたが、先輩のデビル雅美に言わせれば、クラッシュは「観る者に、これは見せ物じゃなくプロレスだとわからせてくれた」。当時、会社が売り出そうとしていたのはクラッシュとは対極にある別のタッグだった。「あの子たちの試合は面白かったし、お客さんの歓声も凄《すご》いのに待遇は下。選手たちがはじめて会社に反発して、二人を盛り上げていったんです」と、デビルは証言する。

今も、リングに赤い紙テープを投げる三十二歳のＯＬは、「強くて、優しく、あんな人は男にもいない」と目を輝かせる。別の三十歳の女性は、中学のとき、長与を知って不登校をやめた。「やられてもやられても向かっていく姿を見て、生きる力が湧《わ》いてきました」

クラッシュ人気はまた、多くのレスラー志願の少女を生み出した。現在、フリーとしてガイアに参戦するアジャ・コングもその一人だ。母子家庭に育ったアジャは子供の頃から大柄で、「お母さんをラクにさせてあげるにはプロレス」と言われるのが嫌だった。が、TVで長与の試合を観たとき、こんな技の攻防ならやってみたいと全女の新人募集に応募、二十五倍の競争率を勝ち抜いた。全女からガイアに移籍した山田敏代も、長与に憧れて、全女に入団した。「スカートを履きたくなかった。長与選手のパンツ姿はカッコよかった。ああなりたいと思った」

息苦しい現実に汲々《きゆうきゆう》とする少女たちにとって、女らしさの枠を取り払ったクラッシュ・ギャルズは自由と憧憬《しようけい》の対象であり、新しい生き方のモデルでもあった。

全女の松永高司《たかし》会長は、長与がブームの立役者になったのは、男の部分と女の部分の両方を持っていたからだと話す。リサイタルで、客席から「結婚して〜ッ」と声がかかると「俺は女だぞー」と笑っていた。一千万円の臨時ボーナスを渡したときは、「いらない。いつまた景気が悪くなるかもしれないんだからとっとけ」と、「男気」を出した。

しかし、会社は、長与にレスラーとしての将来図を描くことを許さなかった。当時全女では、「嫁に行けなくなる」という名目で、二十五歳定年が不文律。選手は稼げるようになったところで、モチベーションを奪われ去っていくのが常だった。デビルがカードから外された日、長与は「俺は試合に出ないぞ」と会社に掛け合い、決定を撤回させた。だが、自身は、決まった対戦相手とする試合に行き詰まりを感じるようになる。父に、「お前のプロレスは横綱相撲で面白くない」と指摘された。現状を打破したいと、発足したばかりの新日本女子プロレスの神取《かんどり》忍との試合を会社に頼み込むが、「メリットがない」と一蹴《いっしゅう》され、「お前も来年からポスターの扱いが小さくなる」と言われた。

年収は最盛時で五千万円、と松永会長は言う。けれど年間三百十もの試合をこなし、会社に莫《ばく》大《だい》な利益をもたらしたスーパースターも二十五歳で捨てられる。こんなところにいたくない。もう少しと引き止められたが、長与は二十四歳で、「生まれ変わってもプロレスラーになります」という言葉を残して、全女を去る。

クラッシュ時代に母が子宮がんを患い、父が左目を失明した。それから一家を支えてきた長与は、とにかく稼がなければならなかった。新天地を芸能界に求めたが、そこでは力持ちの女というキワモノのように扱われた。その頃の長与とはじめて会った劇作家のつかこうへいは、雨に打たれた行き場のない仔犬《こいぬ》のようだと思った。

「あの明るさを支えるものは半端じゃない。女の子が股ぐら開いて闘ってるだよ。それが正当に評価されないあの子の悔しさは俺にはよくわかった」。九一年、つかが長与を主演に書いた、「天に向かうヒマワリのような女の子たち」の物語、『リング・リング・リング』の舞台は大ヒット。映画化もされた。撮影のためにリングに上がった長与はこの上もなく輝き、その姿を見て、エキストラとして後楽園ホールを埋めた二千人のファンは感極まって泣いた。

つかとの出会いは、長与の眠っていた魂を目覚めさせ、使命感を賦与《ふよ》した。

「台詞《せりふ》を言いながら、お前が女子プロレスの世界を変えろとつかさんに言われるような気がした。色物に見られるのも、ないがしろにされるのも、それまでずっと嫌でした。レスラーを女性のキャリアとして問おうと思いました」

プロスポーツの中でプロレスの地位は低い。が、男子レスラーならそこそこ売れれば家を建てられるのに、女子レスラーでは車を買える選手さえ稀《まれ》だった。女子レスラーをちゃんとした職業にしたいと訴える長与の背中を、マネージャーだった杉山由果《ゆうか》（ガイア副社長）は、「歴史に残ることしようよ」と、押してやった。使命ができて、それまで遊び歩いていた長与が変わった。ひたむきさを取り戻した。

二十八歳で、戦線へ復帰。クラッシュ引退後、衰退した人気を苦労して盛り返した後輩たちは、白い目を向けた。客席からは、今まで浴びたことのないブーイングの嵐。三十歳でガイアを旗揚げしたときも、「お前に選手は育てられない」「借金を作るのが関の山」と、女プロレスラーが団体を立ち上げることに周囲は冷ややかだった。

しかし、九五年、ガイアの興行が始まると業界は震撼《しんかん》した。第一試合からメーンのカードを組んでくる。ベテランが新人とタッグを組む。プロレスのカタルシスがそこにはあった。受け身と基本的な技を二つ三つ教えられてデビュー、試合で経験を積んでいくのが従来の通例だったが、ガイアの新人は誰もがレベルが高く、生き生きと個性的であった。プロレス雑誌は、「驚異の新人」と書き立てた。

「彼女ほど新人育成に手間と時間を費やした選手はいない」と、ライターの須山浩継《ひろつぐ》は断言する。新人養成にかける長与の情熱は生半可なものではなく、練習は厳しかった。ガイア一期生の里村芽衣子《めいこ》は、入寮当初、あれが始まるのかと思うだけで、起きるのが怖かったという。頭を打って失神したら、「そんな受け身をとるからだ」と水をかけられる。一〇キロ太れと言われ、毎晩、十杯のご飯を食べさせられる。脱落者が続出し、残った新人たちも時に反発し、時にやる気をなくした。定着する新人は決して多くない。

長与が作りたいのは、男のためのビジュアルレスラーではなく、自分の力を全開できる下半身のしっかりしたレスラーである。プロレスは死と隣り合わせだ。死なないための練習なのだ。だが、全女時代、後輩と軽口を叩いたことも、食事をしたことさえない身には、新人たちとの接し方がまるでわからなかった。「でも、彼女たちに育ててもらいました。プロレスでももう超えられちゃいましたね。彼女たちに負けてボロボロになってリングを去っていくのが理想です」

ガイアでは、試合中の選手の怪我は全額会社が負担する。休場中の生活も保証する。引退後の選手のために新しいビジネスを模索中。興行数は自主興行のみ平均月四回。選手生命は長くなり、地元プロモーターの酒の相手をする必要もない。フリーのデビルは、ガイアを戦場とする理由を「あそこにはプロの選手たちが上がっているから」と端的に表現した。木村一郎《いちろう》ガイア社長は、「女性が信頼できるパートナーだと、女性観を一八〇度変えた」と語る。ガイアの商売上手を揶揄《やゆ》する人は多いが、ここにはかつて長与が苦しんだフロントと選手の間の壁はない。「はじめてここにいたいと思う場所が見つかりました。ここがいいんです。ガイアのみんなが、家族です」

ダイエットや美容ブームの中で、美の世間値から逸脱しながら光彩を放つ女子プロレスラーたち。作家の堺屋太一は、女子プロレスは「あらゆる差別を超えてなお華やかである」と喝破した。アジャ・コングは、「普通でいたくない人を優しく迎え入れてくれる場所がリング」と言う。そして、長与は「誰からもどこからも見られる四面の世界は魅力です」。

ガイアの選手にとって長与は厳父であり、同時に慈母である。自分の家族を持つことによって、父の期待と母の願望を両立する生き方を発見した。自分が自分であることを誰からも貶《おとし》められない世界を求めて、女子プロレス五十年の歴史に楔《くさび》を打ち込んだ。しかし、志はまだ半ば。「これからプロレス界の男と女の間にある鋼鉄の壁を壊します」。長与千種の革命は終わらない。

『アエラ』二〇〇三年三月十日号掲載

スタイリスト

北村道子

身体が歓喜する服

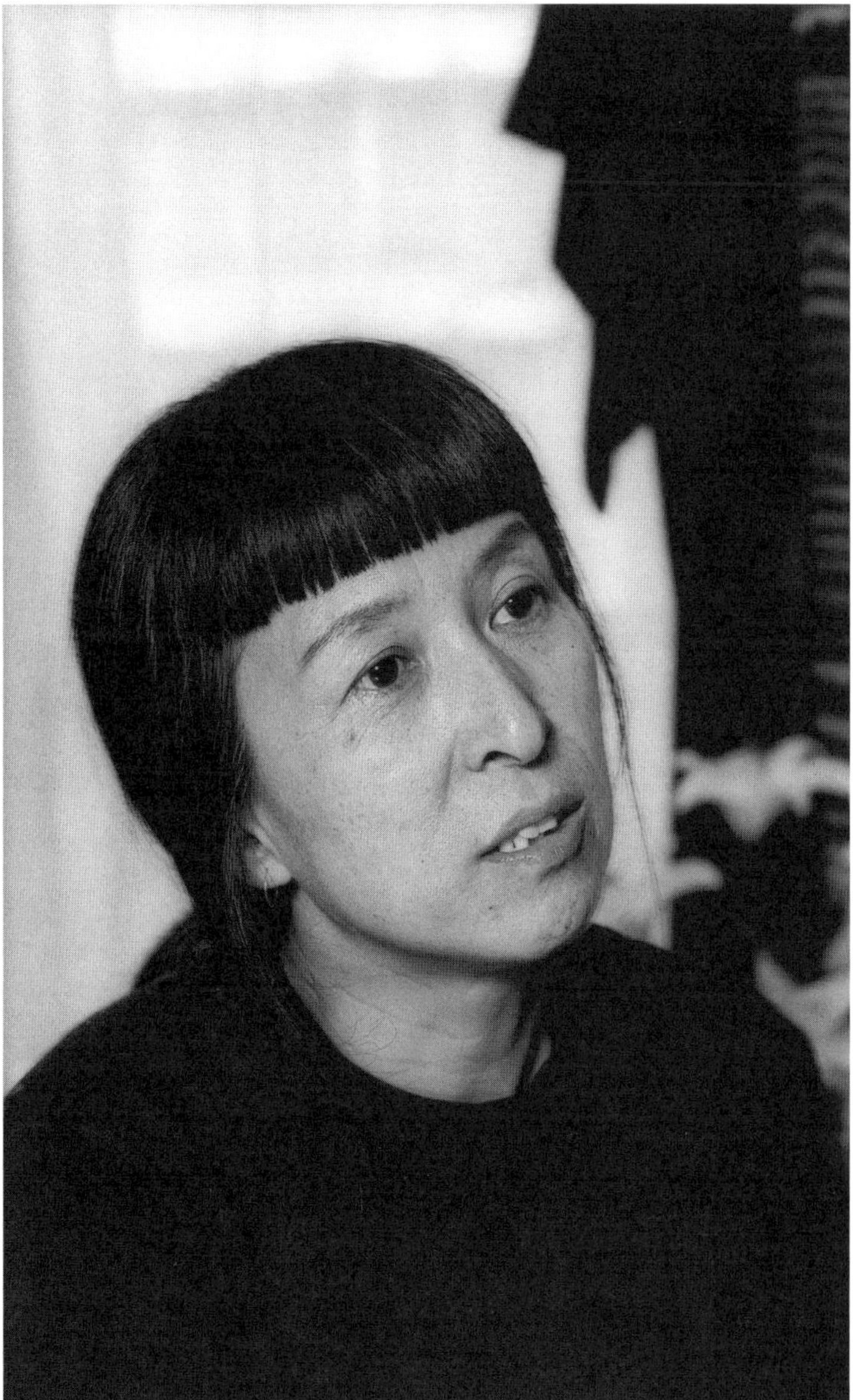

写真　河合昌英

女優の安田成美《なるみ》は、結婚式が終わってからも、披露パーティーで着た衣裳を自宅に飾っていた。それはいくら眺めても飽きなかった。花嫁を牡丹《ぼたん》に、花婿を菖蒲《しょうぶ》に見立てて作られた衣裳はすべて絹地で、幾通りもの着こなしができ、普段にでも使えた。婚礼衣裳のイメージにとらわれないあまりに美しい服だった。

安田が、この衣裳を作ってくれたスタイリストの北村道子と出会ったのは一九九〇年の初めだった。キッコーマン丸大豆醤油《しょうゆ》のＣＭ撮影で顔を合わせた。大抵のスタイリストは服をきれいに見せることにこだわり「汚さないで、皺《しわ》になるからすわらないで」と注文したが、北村は撮影が始まる前に服を持ってきて「身体になじませるために今から着ておいて」と指示した。撮影中も皺や襟を直しに来なかった。当時の安田は二十二歳になったばかりで、十代半ばのデビュー以来いつの間にか自分の意志より状況を優先させる習性が身についていた。北村が出現したのはそんな時期だった。

「北村さんに会ってから、私は、自分がどう思うのか、どうしたいのかと考えるようになりました」

この夏、『フラウ』編集部の三ツ間《みつま》詳二《しょうじ》は、篠山紀信《きしん》が今世紀最高のプリマと讃《たた》えられるシルヴィ・ギエムを撮る時、衣裳を北村に頼んだ。「マドモアゼル・ノン」と呼ばれるほど写真や衣裳に厳しいギエムを服で説得できる人が必要だった。イッセイを着たいというギエムの意志は伝えてあったのに、当日、北村が用意したのはコム・デ・ギャルソンと自ら染めた服だった。緊張して成り行きを見守る三ツ間の前で、ギエムは満足そうに微笑んだ。

衣裳はギエムの動きを殺さず筋肉の一筋一筋が浮かび上がるように計算されていた。鍛えられたダンサーの肉体はヌードよりはるかに官能的に見えた。

スタイリストは七〇年代消費文化の隆盛と共に市民権を得た職業である。広告、雑誌、テレビ、映画などあらゆる表現媒体で衣裳を担当する。北村は草分けの一人だ。主な活動の場である広告がサブカルチャーとして注目を集めた時代すでに業界きっての売れっ子で、今なお第一人者である。北村の仕事を目にしたことのない人はまずいないに違いない。

北村のアトリエは六本木にある。三十畳ほどの部屋は塵《ちり》ひとつなく、香の匂いがたちこめている。杯に盛った水と塩。曼陀羅《まんだら》と仏像と布。額に入ったアインシュタインの顔写真。芝公園で拾ったテレビの横にはバング＆オルフセンのプレーヤー。文机《ふづくえ》の前に陣取った北村は、洗い晒《ざら》しの

Tシャツに布を腰巻きのように巻いている。前髪はオウム真理教の信者に間違われてから眉の上でスパッと切りそろえた。迸《ほとばし》るように言葉が流れる。

「私は被写体が気持ちよくいてくれるのが一番。イカしてやろうって思う。洋服って歓びだからね。俳優さんたちは身体が歓ぶと演技につながるのよ」

この衣裳哲学は、金沢女子短期大学付属高校時代に芽生えている。通学バスの人込みに耐えられず午前中の授業に出たことのない少女が、駿足《しゅんそく》を買われ陸上短距離の選手として県大会に出場した。走る前に更衣室の鏡を見た瞬間、負けることがわかった。チョーチンブルマーの自分より、身体にフィットしたショーツをはいた隣の生徒がはるかにカッコよかったからだ。

「日本がオリンピックで勝てないのも制服のせいだよ。あんな汚いもの、着ている選手全員がイヤなんじゃない？　あれ誰がデザインしたのか知らないけど、相当お金がいっていると思う。利権で服作ってることが日本のダメさを象徴してるよ」

テレビマンユニオンの是枝裕和《これえだひろかず》は、映画『幻の光』を監督する時に、初対面の北村に「闇に溶け込んでいく衣裳をやりたい」と脚本を渡した。二週間後「私は衣裳屋じゃないからこれ以外に選択の余地はない。任せるか任せないか」と、Ａ４のノートを見せられた。そこには、ファーストシーンからラストシーンまでの衣裳がすべてデッサンされて、ところどころ布まで貼られていた。是枝は周囲の反対を押して北村を起用し、彼女の「計算が狂うのでライトはあてないで」

という厳しい注文にも応えた。

仕事で新しい服は使わない／十本の指で、選別した美しい記憶を再現する

撮影中、ブラウスに手を通した十二歳の子役が「こんな服着たのはじめて」と呟《つぶや》いた。それは風をはらむよう斜めに裁断した絹地で仕立ててあり、少女の肉体の線を生かすように襟ぐりや腕回りのパイピングをあえてほどこさず、肌になじませるために洗いこんであった。撮影終了を待っていたようにブラウスは破れた。

北村は仕事で新しい服は使わない。真新しい服は被写体をプラスチック人形のようにただきれいなだけの存在に見せてしまうからだ。借りることに比べれば莫大《ばくだい》な費用と時間がかかるが、彼女は自分で服を作るようになった。生地をレンガや醤油と一緒に洗濯機で何度も攪拌《かくはん》し、陽にさらす。その布を信頼する職人に仕立ててもらう。仕立て上がった服を、撮影前日さらに自らの手で揉《も》みほぐす。そのため腱鞘炎《けんしょうえん》にもなった。

九五年に上映された『幻の光』はいくつもの映画賞に輝いたものの、批評家の中には衣裳を現実感のない洗練されたファッションと批判する人もいた。

しかし、北村はこれまで生きてきた中で見たものしか表現したことがない。十本の指を使って生み出すのは選別した美しい記憶の再現である。『幻の光』の江角《えすみ》マキコが着ていたシャツやスカートは、母がよく着ていた形と色だ。『東京日和』では、竹中直人監督に白いエプロンを作るように言われて反発した。生まれ育った金沢の女たちは、正月以外、汚れが目立たないプリントのエプロンしか着けていなかったからだ。

記憶の端緒には、いつも父の姿がある。勤め人の父は病弱な母に代わって畑を耕し、ご飯を作った。パイプをくゆらし、絵を描き、草野球の監督をした。母と二人の姉と並んで、玄関で父を迎えるのが子供の頃の日課だった。父は黒いランドセルと黒い長靴を買ってくれたが、貰い物のミルク飲み人形は「飽きるものはダメなんだ」と竈《かまど》で焼き捨てられた。父が四十歳で亡くなった時、北村は小学五年生だった。映画『それから』で松田優作が着た衣裳は、父の服装の復元である。

学校では画一的な教育に馴染《なじ》めず、一人ぼっちだった。大半の時間を、眺め、想像して過ごした。自分の五感だけしか信じられなかった。唯一の慰めは図画の授業だったが、描く絵はすべてが赤と緑の絵の具で描かれていた。赤と緑で絵を描いていれば、男の子に背中を画鋲《がびょう》で突き刺されても平気だった。

中学に上がると、受験勉強を名目に借家の二階に一人で暮らした。お腹がすくと生の人参を齧《かじ》った。勉強でイライラしては真っ赤な油絵で部屋を塗り潰《つぶ》した。十七歳で恋をした。大学受験を機に、周囲の目に追われるように金沢を離れた。十九歳で独協大に入学。西新宿十二社《じゅうにそう》の下宿から建築中の京王プラザが見えた。

この頃、金沢から東京に向かう夜行列車の中で、北村の性格を一変させる事件が起こった。寝台車の下段に眠っていた北村は上段の女性が強姦されるのに気づき、犯人を捕まえた。上野の公安室でメソメソと泣くだけの被害者に自分が重なった。その時から弱い人間がイヤになった。

東京ではガリバン刷りのポルノ小説を売り、肉体労働やゴーゴーガールをして生活費を稼いだ。東京という都会は眠っていた感覚を覚醒させ、将来に多くの選択肢があることを教えてくれた。女の人生が限られている北陸の地では決して味わえない体験だった。

秘書として勤めていた山本寛斎《かんさい》の事務所を退社後、五カ月間をパリで過ごした。そこで、成瀬巳喜男《みきお》監督の『浮雲』を見た瞬間、この人を手伝いたいと帰国を決心。帰りの機内で隣り合わせた男性にその話をすると「彼は亡くなっている。それならスタイリストになれば」と広告代理店を紹介された。二十六歳の時だ。

最初に化粧品メーカーのキャンペーンという大きな仕事を手に入れたが、スタイリスト業に本腰を入れるのは資生堂のファッションディレクター、平山景子に会ってからだ。ＰＲ誌『花椿《はなつばき》』を編集していた平山は、雑誌の顔である表紙のスタイリングを七八年から二年にわたり、新人の北村に任せた。平山は「靴なんかいらない」という大胆さや、現場でアイデアを生み出せる発想力、瞬発力を高く評価した。北村は「好きにやってみたら」という平山の言葉で、服が自己表現になることの快感を教えられた。

四九年生まれで団塊の世代の北村は、トラックいっぱいの一人としてそれまでの人生を過ごしてきた。スタイリストになっても自分のような発想をするヤツは百人はいる、仕事なんか来ないと半ば諦めていた。だが前にも後ろにも同じような人間は一人もいなかった。時代に請われるように、PARCOやサントリーなどの先鋭的な広告を次々と手掛けていくことになる。

写真家の藤井保《たもつ》は駆け出しの頃に北村と組んで、メジャーな仕事へのきっかけを与えられた。北村はその時からどのスタイリストとも違っていた。「どんな服にします？」「何色？」と質問責めにしない。衣裳は私の分野と主張し、着せた後は、写真家を尊重してスタジオに入ってこないこともある。ロケでの宿泊先や食事にも無頓着で、買い物に夢中になることもない。

当時の北村は常に流行の先端にいた。黒ずくめの服装と丸刈りのようなショートカット。売り出されたばかりのホンダのオープンカーを駆り、夜はディスコを回遊、二十四時間、五感を覚醒させて生きていた。

転機が訪れたのは三十八歳の時である。女性歌手の巨大な衣裳を手掛けていて、武道館のステージ上二十メートルの高さから真っ逆さまに転落、コンクリートの床に叩きつけられたのだ。その落ちる何秒かの間に、身体から十円玉大の細胞がいくつもの泡となって浮き上がるのを見た。曼陀羅の世界がパノラマのように広がった。天国へ行く道だったと後で思ったが、この一瞬の体験が、次なる世界へと北村を導いた。
「あの臨死体験がなきゃ、相変わらずイカれた女だったと思うよ。それまではジャンキーだったから、感情をぶつけるだけの攻撃的な衣裳作りをやってた。薬やめてからきれいで優しい衣裳を作れるようになった」

「世間知らずの彼女がそれでも求められるのは、作る服に力があるから」

四十歳で乳癌《にゅうがん》摘出手術を受ける。東京女子医大の伊藤悠基夫《ゆきお》助教授が告知した時、北村はまったく動揺を見せなかった。退院後の診察時には「ヒマラヤに登ってきた」と真っ黒な顔で現れ、伊藤を驚かせた。
入院中は、シーツから壁、冷蔵庫に至るまでを好みの布で覆い、身体からチューブでぶら下げている廃液袋にまで絣《かすり》の布を被《かぶ》せた。見舞客が持参した花をその場で飾り直した。何枚もの雑巾《ぞうきん》を縫って病室を磨き込んだ。美容師の太田 潤司《じゅんじ》は髪を洗ってあげようと出掛けた病室で、パーマをかけるように頼まれた。太田は、たとえ入院中であっても衣裳や住空間に徹底してこだわるところに北村の本質を見る。

「交渉が下手、コネクションを利用しない、人にとり入らない、と三拍子揃った世間知らずの彼女が、それでも求められるのは彼女の作る服に力があるから。衣裳が彼女と世間の接点になっているんです」

サン・アドのアートディレクター、葛西薫は、北村の最も信頼厚い同志である。三十歳の葛西が出会った同い年の北村は、仕事が早く的確で、ボタンのとめ方一つから日本人論を展開した。その時から、このスタイリストが企画そのものを根本的に変えた刺激的な場面に幾度も立ち会ってきた。彼女の作風の変化を強く感じたのは、九一年、サントリーウーロン茶のCM撮影の時だった。バドミントンのシーンに、北村はスポーツウエアではなく羽根のようなシフォンの衣裳を提案した。誰もが首を傾《かし》げたが、出来上がったのは見たこともないような幻想的な映像だった。後に類似の広告が頻発した。

だが、商品名を声高に叫ぶだけの近頃の広告は北村を苛立《いらだ》たせる。「僕も広告はどうしようもないと思いながらやっている」と告白する葛西によれば、売らんかなの広告が増えていくのは、八〇年代半ば、スーパーにコンピューターが導入されて以降だ。バブル崩壊後はいよいよ金を出す側の力が強まり、表現への欲求と良心を抑え込むことに苦しむ制作者も少なくない。

最近のCM撮影現場には、スタッフの他にスポンサーや広告代理店の営業マンなど五十人もの人間が立ち会う。北村は、そんな現場に虚しさを感じてしまう。さらに、練り上げた企画がスポンサーの意向という名のもとに簡単に変更される。盟友たちが現状を易々《やすやす》と受け入れてしまっていることが絶望に拍車をかける。

かつての学生運動の闘士たちが、臆面《おくめん》もなく金儲《かねもう》けに走る。クリエーターと呼ばれる男たちが五億の家に住み、ベンツを乗り回すのが妥協の産物のように思える。ロケ先で通訳を付け、一流ホテルに泊まり十万の食事をする。そんな金があるならもっと衣裳代を出して欲しい。経済を牛耳る男たちが結託していると感じる度に、疎外感は強まる。藤井保は「男同士はなんで許し合うの」という北村の嘆きを何度も聞いている。業界から疎まれ恐れられても、北村にはいい作品を作る以上に大切なことはない。

物分かりのいい大人への転向を拒否した、ベビーブーマーの数少ない一人

広告に希望を失うにつれ、北村は映画の衣裳作りに耽溺《たんでき》していく。彼女は映画に携わる度に、五カ月近い時間と預金を吐き出す。『幻の光』では車と和歌山の家を売った。予算では布代さえ出なかった。『東京日和』では三百万近く持ち出した。絹やカシミアの極上の天然素材を職人の

手を借りて服にし、既製の服はコム・デ・ギャルソン以外は使わないからだ。

「そこらへんで貸してくれるもの着せても五感が痺《しび》れない。何本か映画やったけど予算はどれも二百万。それだけの仕事としか見られてないから仕方ないね」

北村にとって儲けることは簡単だ。が、それはやりたくないことをやることに他ならない。

渡辺久子は、二十年前に埴谷雄高《はにやゆたか》について論争した頃に、北村が稼ぐことに罪悪感を持っていると気づいていた。東大紛争や三里塚《さんりづか》を経験している渡辺にどこか引け目を感じているようで、四十歳を過ぎてデザイナーからケースワーカーに転職すると告げた時も感じ入った様子だった。渡辺は、北村が三十代半ばでマネージャーに騙《だま》されて二千万円もの税金を追徴された時から、いつもハラハラと彼女を見守ってきた。

「一歩間違えばドン・キホーテになってしまいかねないけれど、彼女の言ってることは全部正論。やってることは正しい。世間の常識なんかより正義を優先させてしまうだけ」と、渡辺は親友を語る。

コム・デ・ギャルソンの広報の責任者武田千賀子も渡辺と見方を一にする。七八年に商品の貸し出しを頼んできた北村と知り合い、そのとりつくろわない人柄に親近感を抱いた。武田は、北村の熱意と痛快な仕事ぶりを買い、特別に便宜を図るようになった。

「ただのお奇麗ではない、新しく刺激的なものを作ろうとする姿勢。命がけで服を作っているところが、北村さんと川久保《かわくぼ》の共通点です」

北村は、川久保玲の作るサテンのガウンでメラメラと身体中が歓ぶのを感じて以来、川久保の崇拝者だ。服を作るようになっても川久保への尊敬は揺るがない。北村が川久保を唯一絶対のデザイナーと仰ぐのは無論才能故だが、服を作ることだけに没頭し、闘い続けている姿勢に同性として共感と憧憬《しょうけい》を覚えずにはいられないからだ。けれど、それらは実は安田成美が「心の拠《よ》り所《どころ》」と言い、江角マキコが女性誌の取材で「尊敬する人」と北村の名を挙げる理由でもある。

気にいらないことがあれば仕事の途中でも降りる。現場に行って服だけ置いて帰ってくる場合もある。映画の仕事でも納得できない時は名前を外してもらう。「もう子供ではない」と大半のベビーブーマーたちが物分かりのいい大人に転向していった中で、北村は子供でいることをやめなかった数少ない一人である。そのためにいろんなものが手からこぼれ落ちていった。

北村には、最近になって書けなくなった作家が自殺する気持ちがよく理解できる。流行やモダンという価値観の中で生活してきた者には時代に取り残されることへの恐怖がつきまとう。四十八歳という年齢がその恐怖を一層身近に感じさせる。しかし、一方では、五十になれば再び活動期がやってくる予感もある。その時には、肉体と布がお互いを犯し合うような衣裳が作れるかもしれない。やさぐれものにしか物は作れないと信じる北村道子は、少女の頃に抱え込んだアウトロー意識に支えられて、これからもひたすらその手で衣裳を作り続けていくのである。

最後に会った日、北村は「今日で終わりだね。身体にいいよ」と百年前のワインを差し出した。途中、仕事を打診する電話が入った。

「お金があるんなら若い人に頼みなさい。ないなら私に言って。絞れるだけ絞れる知恵だけはあるから」

受話器に向かってそう言うと、ガッハハと笑った。

『アエラ』一九九七年十一月二十四日号掲載

北村道子

脚本家

木皿泉

日常を輝かせる魔法のドラマ

写真　白谷達也

外は三八度の真夏日。本と細々した置物で囲まれたバリアフリーのリビングに、クーラーはない。十階の部屋は六甲からの山風と神戸港からの海風の通り道になっていて、空が見える。

「先生の診断では私は躁鬱《そううつ》病なんです。で、エビオス飲んどくかと言われて、飲んでるの」

「えっ、エビオス……」

茶色の薬壜を横に置いた妻鹿年季子《めがときこ》と話していると、携帯が鳴った。「メール、トムちゃんからだ。僕のこと忘れてんのん?だって。ハッハハハ」。一緒にいた和泉務《いずみつとむ》が「僕、ちょっと休むわ」と言って寝室に引きあげてから一時間もたっていない。妻鹿はそこだけ冷房の効いた隣室にとんで行き、鼻唄を歌いながらベッドで寝ている和泉の身体にガチャガチャとベルトを取り付け、リフトを使って車椅子に移動させた。

「仕事よりよっぽど介護のほうが楽しいですね。手をかけると、元気になってくれるもの」

和泉は六年前の十月に脳出血で倒れ、左半身が完全に麻痺した。今は要介護認定が五から四になったが、お風呂に入る時は介助が二人必要だ。「動物、運んでるみたいでしょ。これがないとこの人の腰がもたないんです」と自由な右手でリフトを指さし、自由な口で妻鹿の作業を説明する。

夜になると、部屋の改修案を作った作業療法士の谷口英郎《ひでお》と建築家の山下香が二人を訪ねてきた。シャンパン、ローストビーフ、かんぱちの刺し身、松茸、串揚げ。車椅子が座れるテーブルの上はご馳走であふれ返り、和泉も妻鹿も喋《しゃべ》り倒す。飲み屋のママのように患者を楽しませて言葉を回復させる言語聴覚士、「立派なおチンチンです」と励ましてくれる看護師など、「病気になってからどんどん現れるいい人」の話題は尽きない。谷口は「和泉さんも奥さんもリハビリ、ほんとに頑張られましたね」とニコニコ笑って、せっせと和泉の口元を拭《ふ》いている。拭かれながら和泉は「みんな、愛の人なんです」と静かな目をしていた。

「ハピネス三茶」に住みたい／マニア生む独特の世界観

それから二週間後、和泉は特別養護老人ホームに「ホームステイという苦行」に出て、妻鹿は神奈川県厚木市の廃校になった高校で日本テレビの秋のドラマ『Q10』の撮影を見守っていた。

「トムちゃん」「トキちゃん」と呼び合う妻鹿と和泉は夫婦であり、同時に二人で一人、足して百十一歳になる脚本家・木皿泉《きざら》なのである。

知る人ぞ知る存在だった木皿の名前が一気に浸透したのは、二〇〇三年夏に放送された『すいか』からだ。信用金庫に勤める三十四歳の独身OLが下宿屋「ハピネス三茶」で年も職業も違う女たちと出会い、平凡な日常を見直す物語。女性やドラマ通から熱狂的な支持を受け、向田邦子賞を受賞。続く『野ブタ。をプロデュース』『セクシーボイスアンドロボ』も「何十回も見た」というマニアックなファンを量産した。『すいか』以降の木皿作品をプロデュースしている日本テレビの河野英裕は、一番のファンを自認する。

「プロデューサー優先のドラマ作りが主流の時代に、作家性を押し通せる脚本家。仕事をしていると辛いことはいっぱいありますが、書くものが好きですから」

木皿作品を特徴付けるのは数々のアフォリズム。「色々、居てよし」「仕事は、誰とするか。それが大事なの」「オレ達はどこででも生きてゆける」——。テーマは一貫して、普通の人が日々をいかに生きるか、である。台詞《せりふ》は座右の銘になっています」

和泉にとって日常は、物心ついた頃からどこか陰りのあるものと映っていた。夫婦で兵庫県警に勤める両親のもとに生まれ、二歳でポリオを発病して左脚が麻痺、歩く時も野球をする時も装具を外せなかった。「人に迷惑をかけるな」が口癖の父は息子を卑下しているようで、遠足には祖母が付き添った。最愛の祖母を亡くした二十七歳の時にＮＨＫが募集した漫才台本に入選、漫才作家になった。木皿泉とはその時につけた、もともとは和泉のペンネームである。その心は〝キザな和泉〟。

「健全な状態はわかりません。今、こうなっても同じなんですけど。子どもの時は嫌でしたねえ。それを相対化するためにすべてを冗談にするという体質はあると思います、飴《あめ》をなめる感じでね。それがお笑いの分野に向かわせたんでしょうね」

一方、妻鹿にとっての日常は、幼い頃から途方もなく退屈なものだった。神戸製鋼に勤める父と専業主婦の母、兄と妹の五人家族。両親に愛されて育ったが、短大時代に、多大な影響を受けることになる「大島弓子」を教えてくれた親友と仲良くなるまで、友達を欲しいとも思わず、生きている意味もわからず、自分をナマコのように感じていた。就職してからは、「服買ってあげるから」「靴買ってあげるから」と母に言われるままに見合いすること十一回。ついに「お母ちゃん、ちっとも幸せそうやないけど、結婚して何が楽しいの」と詰め寄ると、母はムムムとたじろぎ、「晩御飯、好きなものができる」と答えた。

バブル期には出番なし／「バイト」と「ヒモ」の生活

「なんだろう、この退屈な感じはとずっと思っていて、でもそれは違うんだってことが年をとって、ある時、わかったんですね。だから、そのことをずっとシナリオに書いてるんだと思います」

出会ったのは和泉三十六歳、妻鹿三十一歳、昭和がそろそろ終わろうという頃であった。構成作家としてNHK大阪に出入りしていた和泉は、ある日、ラジオドラマの脚本懸賞募集の入選作が録音されているスタジオを覗《のぞ》いた。そのミスターレディを主人公にした『ぼくのスカート』の台本を読んでいて、「社会学の論文みたいやなぁ。自分が書く泥臭いドラマとは違って、シブいなぁ」と感心したからだ。ところがそこでは、大柄な女が「この世に愛なんかない！」と叫んで、「ドラマを書いていこうという人間が何てこと言うねん」とプロデューサーたちを怒らせていた。近づかんとことと思ったが、ドラマの書き方は教えてほしかった。

当時の妻鹿は、父のコネで入った商社勤めの傍らシナリオ学校に通って十年、応募した作品が次々と入選し、西宮の実家を離れて一人暮らしを始めたばかりだった。木皿泉の名前はシナリオ学校でも有名で、「才気走ってめちゃトンガってる人やで。でも、人間的には最悪」と聞いていたから敬遠していた。だが、本人に会ってみるとふっくらとして温厚、「一緒に漫画原作やって儲《もう》けませんか」と人懐っこい。いつの間にか毎晩のように電話で情報交換し合うようになり、明け方の五時まで喋る毎日。そして、ついにショルダーバッグをさげた和泉が花束と若鳥の串焼きを抱えて、大阪下町の商店街にあった妻鹿のアパートに現れた。

「フーテンの寅さんも結婚できないし、僕も断崖絶壁だったから前に進むしかなかったんです」と和泉が言えば、「仕事がらみですよ」と妻鹿。このあたりのエピソードは三十六歳と四十歳で出会った田辺聖子とカモカのおっちゃんを彷彿《ほうふつ》させるが、実際、田辺にとってのおっちゃんが純文学の狭い道から抜け出せた触媒であったように、「暗〜い、芸術祭参加作品のような」作風から脱皮したかった妻鹿には、山のような知識とお笑いの手法を持つ、言葉の達人は救世主のようなものだった。

共同執筆は偶然のように始まった。書きかけの原稿をそのままにして市場に出かけた妻鹿が家に戻ってワープロを覗き込むと、ギャグが入っていて原稿が活気づいていた。その上に書き足すと、ダレていた物語が面白いように転がり始める。二人、入り乱れて書くようになった。一九八九年放送のラジオドラマ『もしかして時代劇』は和泉の仕事だったが、二人で書いた。妻鹿の仕事も二人で書いた。価値観も嗜好も似ていた。一緒にご飯を作って食べて、喋って、読んで、書く。暇な時間は古い邦画の名作を見まくった。それは、和泉には「まるで昭和を二人で生きてきたような」、妻鹿には「気の合う人と一緒にいることがこんなに楽しいのか」という暮らしであった。

「もうどちらの考えか、今ではわかりませんねえ」

「一人で書いても二人で書いてるのと同じです」

三谷幸喜の出世作である『やっぱり猫が好き』の脚本に参加する頃に、妻鹿の書いた『ぼくのスカート』に酷似したテレビドラマが民放で放送されるという事件が起こった。妻鹿は関係者に「裁判するならこの世界でやっていけなくするよ」と脅かされたが、書けなくなる恐怖にジタバタしながらも著作権侵害の訴訟を起こし、「もう関西では仕事しません」と宣言。和泉は「死にたい」と泣く妻鹿に味方し、自分まで仕事を降りてしまう。裁判所の和解勧告を「これが盗作でないなら、私、いくらでもパクります。判決出してください」と撥《は》ね除《の》けた裁判は、三年かけて負けた。お金がなかったので控訴はしなかった。妻鹿は商社をやめており、『猫』が終わると二人に仕事はなかった。

木皿泉が書かなかった時間は短くはない。ドラマの世界はバブルの名残が続いていて、「入る隙《すき》はないな」と唖然と過ごしながら、妻鹿はバイトに出かけて、和泉は「ヒモ生活ですね」。男の沽券《こけん》などとは無縁の和泉が妻鹿のツボだった。

「ヒモも根性がないとできませんよ。男なんて実態とかけ離れた人だから好きになったんです」

とはいっても、正義感の固まりの妻鹿はすぐに喧嘩してバイトをやめてしまう上、お金が入るとあれやこれやと使ってしまうので、いつも貧乏だった。お金がなくなれば、甘えられる人たちに電話した。妻鹿の母、永子《えいこ》は「どれだけお金運ばされたか。最近まであの子の国民年金も払ってました。これからどうするんやろと思うともう心配で心配で」と気を揉《も》み、今も娘のために、的中率が高いことで知られる大阪駅前第4ビルの宝くじ売り場に通っている。

木皿泉が再起動するのは、二人が大阪から神戸に引っ越した九八年。『猫』の特別編と、続いてイッセー尾形と永作《ながさく》博美が夫婦を演じるコメディー『くらげが眠るまで』を書いた。撮影用のクラゲのレンタル料より安い一本七万円の脚本料ではあったけれど、ここで木皿泉の作風が確立される。

「『猫』の場合は三谷さんの世界を壊してはいけないと思っていた。でも、この時は自分たちの好きなことを思い切り書きました」

そして二〇〇三年。お決まりのドラマに飽き飽きしていた河野は、主演の小林聡美の事務所の社長経由で届いた『すいか』のシノプシス（概要）を読んだ瞬間から、魅了された。日常の些細なことが書いてあるだけなのに、深く心に突き刺さる。「地味すぎる」という上部の反対をねじ伏せて制作にこぎつけた。だが、すぐに木皿泉と仕事をする困難さを思い知らされることになる。「もっとわかりやすく」と書き直しを要求すると、電話の向こうで妻鹿が「直せません〜ッ」と泣き叫び、その後ろで和泉が「こんな仕事、やめたれ、やめたれ」と声を上げるのだ。しかも脚本が遅れに遅れる。さらに視聴率が低迷し、番組終了後、河野はドラマ局を二年間外される結果となった。

当人たちは仕事が終わり、二度とテレビの仕事は来ないだろ、これで平和が戻ってくるとホッとしていた。向田邦子賞受賞の知らせも意外で、賞金三百万円を喜んでいたら、和泉が倒れた。大きく「愛」と書かれた救急車の中で「僕、脳卒中起こしたんですか」と冷静な和泉の傍らにいて、妻鹿はなんやこれはと茫然としていた。

光り輝いたプリン売り場／動けない絶望との対峙

「寝たきりになるかもしれません」と言われた和泉の入院生活は、リハビリも入れて半年に及んだ。妻鹿はその間、胃に栄養チューブを付けようという医師の提案を蹴り続け、和泉が口から食事を摂れるようにしようと必死だった。「勉強したこともちゃんとOLしたこともない私が、あんなに実績残したことははじめてです」。和泉がプリンを食べられるようになった日、スーパーに足を運ぶと、彼が倒れて以来灰色一色だった店内でプリン売り場だけが光り輝いて迫ってきた。

二〇〇五年春、待ち望んだ退院の日がやってきた。それは、和泉にとっては動けない現実と対《たい》峙《じ》しなければならない絶望の始まりでもあった。ドラマの現場に復帰した河野から依頼された、十月スタートの亀梨《かめなし》和也主演『野ブタ。をプロデュース』の脚本が八月になっても一本しか上がらず、放送が始まってからは河野が神戸の家に張りつき、収録の当日に一枚一枚をファックスで送る綱渡り状態。「ご神託」と相棒が縋《すが》るアイデアは出せても、風呂で死んだように眠っている妻鹿の苦労を見ながら自分は寝ていることしかできない。「あの時死んだほうがよかったわ」「悪いなぁ、悪いなぁ」を繰り返し、「僕を生んだということにしてくれないか。あまりにも世話になっていることに耐えられない」と頼み込んだ。妻鹿は「来世で返して。私が金魚になったら飼ってね」と取り合わなかった。

「自分が動けないなんてなかなかわかりませんよ。今でも立てると思ってるんですけどね、僕は」

二人が結婚したのは、出会って二十年近くたった〇七年の一月だった。『野ブタ。』のＤＶＤの印税が千四百万円入り、車椅子が自由に動ける家が欲しくて中古マンションを購入する時、銀行が出した条件が「ご夫婦ならローンを組めます」だった。妻鹿の母、永子は、和泉に「奇特な方がいるもんやな。あんた、アホちゃう」と、祝いを贈った。和泉の叔母の大嶋京子は、妻鹿に「結婚はあなたにとって重荷になるでしょ。本当にいいの」と何度も尋ねた。「突っ張って生きてきて、傲慢なところがあった務が素直になっていました。よう出会った二人です」と、大嶋はしみじみ言う。

「私はトムちゃんがいないと書けないし、お風呂も入らない、歯も磨かない、ご飯も食べないダメ人間。死ぬまで一緒にいるのが夢だから」。妻鹿にとって和泉は、ライナスの毛布なのである。

だが、安心できたこの時期に彼女の心は決壊する。春に始まる『セクシーボイスアンドロボ』を書いている最中に、突然涙が止まらなくなったのだ。何を見ても悲しく、死にたかった。『セクロボ』十一話中、木皿泉が書けたのは八話。抗鬱剤《こううつざい》を服用しながらの執筆だった。和泉が必死に妻鹿を助けた。看護師の上田恵は、彼がこの頃から元気になったと証言する。

「介護されるだけと思っていた和泉さんが自分が支える側になって、一緒に脚本書いてるんだという気になられたんですね」

他人の優しさに生かされて／二人だから奇跡が起こせる

妻鹿の「死にたい病」は、今も時々再発する。河野は心ならずも約束が守れず、妻鹿から「信用してないからあなたとは二度と仕事しません」としばらく絶交を言い渡されていたが、それが解けた去年の暮れに、「むじんくんが貸してくれないの」と借金を申し込まれた。

「書きたいものしか書かない。自分の筆で夫を生かしていかなければいけないという危機感が常にあるんでしょう」

和泉は、妻鹿から「死にたい」と言われる度に怖くてたまらない。けれど、動けなくなってしまった自分には彼女の気持ちもよくわかるのだ。

「それでも、僕らの世話してくれた人の親切があるでしょ。ちょっとずつの。その人らに対して死んでどうするのと思ったら、もう申し訳なくてね」

「私ら、そんな話ばっかりしてるんだよね。でも、私にはずっと死のイメージがあるの。だから、私と一緒にいるのはトムちゃんには修行なんだね」

「修行でも荒行やなぁ。千日回峰《せんにちかいほう》とか、谷覗くやつあるやん、あれやなぁ」

主治医の妹尾《せのお》栄治は、右脳をやられた和泉の感性が保たれていることが「奇跡のようです」と語る。木皿家にやってくる人々は、「行くのが楽しみ。悩みも吹き飛びます」と口を揃えた。逃れられない日常ならば、誰かと笑って生きれば奇跡だって起こせるのかもしれない。

『アエラ』二〇一〇年十月二十五日号掲載

4　明日の〈女子〉

ラブピースクラブ代表

北原みのり

エロとフェミニズムの合体

写真　鈴木愛子

初夏の夕暮れ。東京・表参道の少し奥まった場所にある洒落《しゃれ》たカフェでは、女性のためのセックスグッズストア、ラブピースクラブ（ＬＰＣ）の七周年記念パーティーが開かれようとしていた。

「婆慰撫《バイブ》屋一代」と胸にしるしたタンクトップ姿のスタッフが忙しく立ち働く。椅子席から溢《あふ》れた観客がフロアに座り込んでいる。遠方からの参加者や外国人も少なくないが、そこに集うのは女だけだ。誰もが楽しげで、何が始まるのかとこれからの時間を心待ちにしていた。

友人と参加した京都の大学生は、「新商品が出るたびにバイブレーター買ってます」と屈託がない。一人で来た三十三歳のＯＬも、インターネットでＬＰＣのグッズを購入している。二人とも、ＬＰＣの代表、北原みのりに惹かれてここまで足を運んできた。「お洒落で軟派。エロとフェミニズムの合体。こういうのもありなんだ」「自分の欲求からすべてが始まるのがいい」「自分たちの手の届く言葉で発信してる」と、支持理由はいろいろ。

年間八千万円を売り上げるLPCのHPへの一日のアクセス数は三十三万件。そこで連載する北原のエッセイには、セックス、中絶、芸能、政治経済、社会とあらゆるテーマが、体験に即して「私」の目線で語られている。ここしばらく彼女が関心を寄せているのは「女の風俗」だ。出張ホストを買った理由や経緯が詳細に報告されていて、感想を聞くと「利用する人は絶対増えると思う」。それは、さながら北原みのり実験劇場である。

その当の本人が間もなく挨拶に立った。

「バイブを売り続けて七年。これまで売ったバイブ一万本、ローション五万トン、コンドームは地球三周できる量です」

赤いサタンのような衣裳を着け、ヴァギナの形をしたポシェットをかけている。北原は開場ギリギリまで、わざわざアメリカから取り寄せたこの衣裳を着るのをためらっていた。

「だってカッコよすぎるんだもん」

グズる北原を「ダメ！　何言ってるの。着なさい」とたしなめたのは、妹のあかりだ。北原は「妹と二人でコツコツとここまでやってきた」と語るように、あかりは、創業間もない頃から姉が苦手な経理総務を引き受けてきた。三階のバーでは、母が汗まみれでビールを売り、ケーキを配っていた。

ＬＰＣの本拠地は、千代田区のマンションの五階にある。３ＬＤＫの一室に設けられたショールームは、北原が映画『ベティ・ブルー』の部屋を模して飾りつけた。カラフルなバイブレーターやオブジェのようなディルド（張型）、お菓子みたいなローターやオーガニックコットンを使った生理用品、入浴剤、本など三百アイテムが麗々しく並び、甘い匂いがたちこめる。隣室からスタッフのお喋《しゃべ》りが聞こえる。北原より二世代上のパフォーマー、イトー・ターリに言わせれば、これほど楽しげにセックスグッズを売る店は世界にもない。「セックスの解放はウーマンリブのスローガンだったが、彼女はそれを現実の楽しみにした」とはターリの弁だ。

ここは男子禁制である。オープン当初は一人でなら男も入れたのだが、あるとき、パンツを下ろしてマスターベーションを始めた男性客がいた。北原は、走って逃げたその客を半蔵門の駅まで追いかけ、警察に突き出した。そして言われたのだ。「そんな商売してるんだから仕方ないよ」。それから、売り上げが落ちることを覚悟で絶対男は入れないと決めた。

「そんな商売」は、誰にでも「バイブ屋です」と胸を張る北原を瞬時に落ち込ませる常套句《じょうとうく》である。自治体から講演を依頼され、新聞の取材を受けても、「上司の許可が下りない」と途中で断られたことは数えきれない。北原は「フェミはフェミ、バイブ屋はバイブ屋で、何をやっても色眼鏡。仕方がない」と思いながら、不覚にも涙がこぼれることもある。

靖国神社前でヌード撮影／オヤジにアレルギー発作／大胆さと繊細さの両義性

京都精華大学での講演で、北原は米国のフェミニスト、ベティ・ドットソンが「女ももっと自分の身体と欲望に自信を持とう」と主催するマスターベーション・セミナーの映像を流した。女たちが輪になってバイブを使う様やヴァギナのアップに、私は思わず腰が引けた。彼女がところかまわずマンコ、チンコ、オナニーと口にすると、戦略とはわかりながらもギョッとする。一方、一緒に満員電車に乗ったとき、「オヤジがいっぱい」とアレルギー性鼻炎を起こしたのには仰天した。靖国神社の前でヌード写真を撮るような大胆さと、すぐに「何をやっても私ってイタいんだ」と悄気《しょげ》る繊細さ。この両義性こそ、彼女の特質である。

北原に押し倒されて恋が始まったと笑うかつての恋人、大滝佳行《よしゆき》は、いつも「男というだけでお前はラッキーだな」と言われていた。感情の起伏が激しい北原は喧嘩すると泣きわめき、物を投げ、部屋を飛び出しても、すぐ戻ってきた。

「欲情される人間になりたくない」と金髪で現れ、「もっとオレを褒めろ」とゴネる。だが力の前に怯《ひる》むことはなく、誰もが遠巻きに眺めるヤクザの不法駐車さえ注意する。「彼女の世の中変えなきゃという純粋さは尊敬する」と、大滝は語る。

北原は、自分を傷つけるものに対して、ひどく敏感で、攻撃的になる。

団塊のはしりの両親の第一子として一九七〇年に生まれ、千葉県の新興住宅地で育つ。父は、中学から大学まで一貫教育の女子校で政治経済を教える教員、母は専業主婦、二学年下に妹。核家族の団欒《だんらん》で頻繁に語られていたのは、父と母の恋物語である。二人は法政大学の同級生。学生運動の闘士だった父のアジ演説に母がポッとなり、周囲の反対を押し切り結婚した。父と母の名前を合わせてみのりと名づけられた。恋愛神話を持つ両親が自慢だった。が、父の帰宅で母は緊張し、家の空気が一変するのが謎だった。

北原の買い物好きとセンスのよさは母譲りである。母は毎晩食卓に七品ものおかずを用意し、「きちんと稼げる人になって」と長女に言い続けた。漫画とテレビは禁止。日記を書けば添削される。計算法を書いた紙を背にして大きな声で九九を暗唱させられ、できないと叩かれる。その頃の母は、美しくて強くてカッコよく、服従するに値する存在だった。

北原にフェミニズムの芽を植えたのは父である。受験シーズンになると殺到する付け届けを、一つ一つ手紙を書いて送り返すような父を娘は尊敬していた。父は授業をするように青鞜《せいとう》や女権運動の歴史を娘に語って聞かせ、「これからの女は」と説いた。両親に「女だから」と言われたことは一度もない。

小三のとき、担任の男性教諭に「男の子は女の子を呼び捨てにしていい。女の子は男の子をクン付けで呼ぶように」と言われ、はじめて屈辱を感じた。それから、「やっぱり女はダメだ」と言う声が耳に入ってくるようになった。だが、勉強でも運動でも誰よりも輝いている自信があったので平然としていた。市川房枝が亡くなったとき、小四の北原は一人で市川房枝新聞を作り、教室の後ろに貼りだした。卒業文集には「日本ではじめての女性の総理大臣になります」と書いた。

しかし、男の子と比べられない世界に行きたいと進学校の女子校を受験して失敗、公立中学に入学してからは、野心と自信は「めちゃくちゃにされた」。

当時は松田聖子の全盛時代である。聖子ちゃんカットで「恥ずかしいッ」と小首を傾《かし》げるぶりっ子スタイルを、少女たちはこぞって模倣した。人気者で、マラソン大会は一位、生徒会の役員で、好きな言葉は「自由」である。「男の子のような女の子である自分が好き」だった少女がおずおずとそれを真似ても、「お前は気持ち悪いんだよ」と一蹴《いっしゅう》される。女の子たちは、クリスマス前になるとセーターを編み、ラグビー部のマネージャーになりたいと騒いだ。少女漫画の洗礼を受けていない北原は、同級生たちの恋愛熱に同化できない。小学校まで仲間だった女子が、思春期になると足並み揃えて男子に媚《こ》びていくのは、裏切りだった。

両親の「裏切り」に内向／父とは口きかず母に暴言／フェミニズムに救われる

だが、この時期、北原を内向させたのは、他でもない、彼女が最も愛していた両親の〝現実〟である。実はもの心つく頃から、父は母に暴力をふるっていた。止めにはいると、北原もぶたれ、投げ飛ばされる。父は妹には手を上げなかった。物が飛び交い、食卓がひっくり返るのが家では日常茶飯事。隣の家でも同じ事が起こっていたから、特別なことだとは思わなかった。が、母が日に日にオドオドした人間になっていくのは切なかった。「別れてくれ」と頼んでも、「お前たちがいる。パパも悪い人じゃないから」と頑《かたく》なに母は言う。嘘臭《うそくさ》かった。

高校生になると、憎しみで父と目を合わせることも口をきくこともなくなった。「勉強しろ」とやかましい母には「ふざけんなッ、くそババア」と暴言を吐いて、暴れた。「パパだってやってるもん」と、専業主婦の母をバカにする気持ちが生まれていた。素晴らしい恋愛で結ばれたはずの父と母が、セットになるとたまらなく嫌な関係になってしまう。なぜ家でも学校でも、女がみんな男にへつらうのか。この嫌悪感は、みんなと同じになれない嫉妬心なのか。北原は劣等感と孤独感で、流行りはじめたテレクラにハマり、セックスへの好奇心だけを疼《うず》かせた。

セックスは、幼い頃から北原にとってミラクルランドだった。老舗《しにせ》旅館の傍らラブホテルを経営する母方の祖母の家に遊びに行くと、コンドームをどっさり渡され、配ってくるように言いつけられた。

「これ、何?」と聞くと「男のチンコに被《かぶ》せて赤ちゃんができないようにするんだよ」と、祖母は顔色一つ変えず教えてくれた。本音で喋るこの祖母が大好きだった。両親のセックスを偶然見てしまったことがある。幸せな光景だった。翌朝、何をしていたのか訊ねると、父は「楽しんでたんだ」と娘に告げた。それからセックスが最大の関心事になった。

十六歳でフェミニズムに出会ったとき、ひとりぼっちじゃないんだとやっと救われた思いがした。ジェンダーという言葉を知り、それまでのモヤモヤがすべてクリアーになっていく。「私はヘンじゃないんだって。生きたフェミニストの存在がほんとうにありがたかった」

両親の関係も言葉にできるようになった。塾やブティックを開き、稽古事に熱中する母は、完璧な専業主婦でありたいという思いと専業主婦に収まりたくないという思いの間で引き裂かれていた。それは多くの専業主婦の姿なのだ。吉永小百合のような聡明な女に育って欲しいと娘に願う父は、リベラルな言動と内実が一致しない団塊男の典型であった。「あの世代は、とりあえず正しいことを言っておこうと、頭と行動が分離している」。母のようにも父のようにもなりたくなかった。

現在、女子大の教壇に立つ父は北原に似て話し上手だ。なぜ娘を殴ったのかと訊ねると「夫婦喧嘩なのに、原因を全然理解しないで女房に加勢するからだ」と答えた。彼は、期待をかけた大切な娘が突如豹変《ひょうへん》した理由がよくわからなかったという。父の目には、思いやり深く、表現力のあった長女が、眉毛を抜いたりして本来のよさをなくしていくように見えた。

母が当時を振り返る。

「殴られる私も悪いんだと思ってました。娘たちが苦しんでいると知ったのは、大人になった娘に泣いて訴えられてから。自分を大事にしない私自身が恥ずかしかった」

折しも男女雇用機会均等法がスタートしたばかり。北原は「ザル法だとは知らないでまんまと騙《だま》され」、赤いスーツを着て商社でバリバリ働くんだと、はじめて自分の意思で大学に入りたいと願った。硬派の女子大、津田塾に標的を定めたものの、勉強を放棄していた北原は女子で最下位、ほとんどの科目が一〇段階評価の一と二と三という無残な成績だった。高三の秋、津田梅子の墓に参り、「武士の気分」で身体にサラシを巻きつけ、毎日十八時間勉強した。だんだん体重が落ち、意識が覚醒していく。自分の肉体をコントロールできるのが快感だった。三カ月で一〇キロ痩《や》せて、奇跡の合格を果たす。

「大学に入んなきゃ人生始まらない」

女性のためにバイブを開発／「マッサージ機と同じです」／思想・快楽・生活の三位一体

大学入学後の北原は一人暮らしを始め、念願通りの自由と小学校以来の自己肯定感を取り戻す。イケイケのファッション軍団で、キャンパスを闊歩《かっぽ》。「女も強引で傲慢、ゴージャスに生きなきゃ」を口癖に、学園祭ではストリップショーを自作自演。天国の時間だった。が、それも就職シーズンの到来とともに翳《かげ》っていく。

人生を次々決めていく仲間たちの中で、自分は何をやっていいのかわからなかった。国際金融論のゼミをとってはみたものの場違いで、何の興味も持てない。イベント会社でバイトをしたことがある。女性上司に、服装から髪形、喋り方、切手の貼り方まで注意され、「女は男の三倍頑張ってはじめて認められる」と説教された。学外のフェミニズム講座にも通っていたが、そこに集まる働く女たちには徒労感を感じた。

「十努力して一も報われていない。会社には入っちゃいけないと思った」

時間を稼ぐために日本女子大の大学院に入ったが、教授のペットにならなければ研究が続けられないと思い知った。そんなときに大学時代の親友が自殺する。小学校からすべてに一番を通した彼女は、外資の経営コンサルタント会社に入社して間もなく体調を崩した。「私も普通に結婚していれば幸せになれたかもしれない」と書かれた手紙が残されていた。葬式の日、北原は国際金融論ゼミの教授だった牧野裕《ひろし》に言われた。「お前は男の経済理論に組み込まれていく必要はない。女の経済作らなきゃ女は自由にならん」

北原がようやく自由になったのは、二十六歳のときだ。男友達とAV業界のHPを制作する会社を経営していて、「女のアダルトショップ」の記事に目を止めた。好奇心につられて偵察に出かけてみると、店長は女でも経営者は男、並んでいるのは「女を乱れさせるため」に男が使う道具ばかり。女の主体的な視線が皆無なのが不快だった。自分で女性向けバイブを作ってみたいとふと思った。AV会社の社長から百万円の出資を受け、ひとさし指につける小さなバイブを開発する。

「バイブはチンコの代替品じゃない。女が自分の身体を知り、楽しみ、リラックスするもの。マッサージ機と同じです」

完成までの一年の間にベティ・ドットソンのセミナーに参加、海外の女性が制作しているショップをネット上で開き、女たちと連帯したいとLPCを立ち上げる。「おまんこと言えますか」と問いかけた『はちみつバイブレーション』を出版、「同じ言葉で話せる」仲間も集まってきた。

北原の行動力と創造性は誰しも認めるところだが、この時期にほぼ今の仕事の原形が出来上がっている。

北原は、思想と快楽と生活の理想的な三位一体を実現させた。母は、「素晴らしい」と娘を全面的に応援してくれた。だが、父は「恥ずかしい」と言った。北原は泣きながら父の暴力を責め、自室に閉じこもってしまった父の部屋のドアを蹴り破った。そのあと、父から「頑張れ」とメールが届いた。嬉しかったが、今も父とは和解できずにいる。母も妹も大滝も、北原は父親にそっくりだと言う。自分もそれを自覚し、自己嫌悪に陥る。

「あなたのためにやっているのよという母の態度に、私もカッとしてしまう。父と同じ鬼が私の中にも棲《す》んでいる。早く死ね、許せんと思っていますが、どこかに父に褒められたい気持ちがある。父に男と女は違うと言われると、誰に言われるより傷つきます。やっぱり女はダメだと思いながら私を育ててきたのか、と」

父は、娘の仕事を「なぜ、あいつがやらなければならないのか」と嘆息する。「どこまでもラディカルに進めばいいというもんじゃないでしょ。セックスだけで人の意識が変革できるとも思わない」

父には、かつて武力闘争に走った同時代の象徴・重信房子の姿が娘とダブって見える。

恋愛を経験する中で、北原は、母と同じように我慢して関係を続けようとするダメな自分を見た。だから母の気持ちは理解できる。が、一番身近にいる女、好きでたまらない母が自尊心を傷つけながら自分をなだめて生きている姿を見るのは辛い。父も、母と結婚しなかったらこうはならなかったろうと思う。両親へのアンビバレンツな感情は、今も北原を断続的に苦しめる。

「母がどうしたら癒されるのか。それが私のアキレス腱です」

昨年、全国二十四紙で半年にわたり十代の性をテーマにした「ガールズセックス」が連載された。「私がマンコを見たとき」「はじめてオナニーをしたとき」と語る北原が企画を引っぱり、読者の共感を呼んだと、共同通信の田澤穂高《ほたか》は証言する。下の世代からカリスマと呼ばれ、上の世代から共闘を求められる。小説執筆の依頼も来た。だが、目指す先はまだ雲の中にある。

「楽しいことしたいだけ。一つのところにとどまれないでしょ」

何者にも侵されない自分を獲得したいと模索し続けてきた。敬愛する田中美津の言う「大したことのない私、でもかけがえのない私」が、矛盾も欺瞞《ぎまん》もなく、誰をも抑圧しない自由な主体をどこまで手にいれられるのか。北原みのり実験劇場、只今、開幕中である。

『アエラ』二〇〇三年七月二十八日号掲載

北原みのり

写真家

澤田知子

自画像写真で
世間を嗤う

写真　渡辺誠

四月のある日、澤田知子は、川崎市市民ミュージアムにいた。「時代を切り開くまなざし――木村伊兵衛《いへえ》写真賞の30年――」のオープニング・セレモニーに出席するためである。昨年、二十六歳で写真界の芥川賞と言われるこの賞をもらった。

直線がどこにもないキューピー人形のような体を黒いキャミソールとパンツで包み、銀色に光る厚底のスニーカーを履いている。たっぷりつけたマスカラと、グロスだけの唇、大きく弧を描く眉。爪にはネイルアート。金髪。どこにいてもキラッキラしたオーラを放つ彼女を見て、カメラマンは「ポップ・アートのスターみたい」と嘆息した。実際、澤田の周りには人が集まり、携帯カメラが向けられる。名刺が次々と差し出される。

「いるいるっ！こんな娘」妙なリアリティー醸す／それが澤田のマジック

澤田は、一人一人に丁寧に挨拶をして、ニコニコ笑いながら名刺を返していく。すると、受け取った人は決まって感嘆の声をあげる。「可愛い！」「嬉しい！」。そこには、彼女の作品『ＯＭＩＡＩ♡』の一枚、ピンクの振り袖を着た可憐な澤田が印刷されているのだ。

澤田は、海外十二カ国で展覧会を開き、今、最も注目されている写真作家である。だが、自分ではシャッターを押さない。被写体は、常に「普段とは違う」変装した自分である。自動証明写真機のブースに入り、化粧と髪形、服と表情を変えただけで四百通りもの女性になりすました『ＩＤ４００』がデビュー作だ。

この作品は昨年春に出版され、五千部を売り上げ、その内七百部が海外で売れた。掌《てのひら》サイズの本は、「内面と外見の関係」と英語で書かれた銀色の扉をめくると、一ページに四枚綴《つづ》りの女性の証明写真が載っている。めくっても、めくっても若い女性の顔が出てきて、最後にはすっぴんの男か女かもわからない丸刈り姿が写っている。魅力的とは言い難いがさまざまなタイプがそこにはいて、「こんな人、いる」「私かも」と妙なリアリティーがある。それが四百人すべて澤田なのだ。幻惑され、並々ならぬパワーに圧倒されて、吹き出してしまう。

近作『School Days』は、お馴染《なじ》みの学校の集合写真がモチーフだ。制服を着た女子高校生四十人と女性教師が、四列に行儀よく並んでいる。実は、先生を含む全員が澤田という趣向。ユーモラスでありながら、郷愁を誘われて切なくなる。十クラスのシリーズを、彼女は十日で撮りあげた。つまり、澤田は一日一クラスずつ、四十一人に変装したことになる。

「変身じゃなく装いを変えるだけ。それにもの真似じゃないから苦にならない」

現在、愛知万博で、髪の色も肌の色も違う十二人に扮した最新作を発表。澤田がこれまで変装してきた「無名の女性」は、九百四十人にものぼる。「同じ人間なのに、外見を変えるだけで、人の反応が違ってくる。なんでやろ?とものすごく気になるんです」

木村伊兵衛賞の審査員で、澤田の受賞を強力に推した写真家の篠山紀信《きしん》は、彼女の作品を見てショックを受けた。

「自分でシャッターを押してないんだから。参りましたよ。でも、街の人になって、今を写し撮るという意味で作品は極めて写真的。プッと笑った後から背筋が凍るような批評性がある。自分の肉体を使った時代のドキュメンタリーです」

東京都現代美術館の学芸員、笠原美智子は、「作品は奇抜に見えても、自分を客体にして従来の女性像を見直す正統派の女性写真家」と澤田を位置づける。

「彼女の作品は若さや外見を重視する日本社会への風刺であり、揶揄《やゆ》。若い女性が置かれている現状を問題提起しています」

ある食品・日用品メーカーが実施したアンケートによると、日本女性の八六％は容姿に満足していなくて、自分が人より劣っていると思う人が欧米など十カ国の中で最も多いという。一方女性誌を開けばビューティーとコスメ特集ばかりだ。こんな容貌の国・日本で、澤田は「外見って何？」「自分って何？」と問う。

澤田のもとにはホームページを通じて作品に対する感想が寄せられる。「不細工な顔が並んでいるだけ」と書いてくる人もいるが、若い女性からは「自分が嫌いで苦しかったが、自分は自分でいいんだと元気になった」という声が多い。それは彼女自身の心持ちとどこかで重なる。

「作品を作り出してからのほうが、ずっと元気になりました。自分のこと好きじゃないと思ってたんですが、ほんとうは好きなんだとわかりました」

「あ、私が一番下や」自分自身を相対化する／それが澤田の原点

神戸市長田《ながた》区に生まれた澤田は、両親に大事に育てられた。「愛情とお金はたっぷりかけました」

と言う母の直美は、小学校に上がる長女にサーモンピンクのランドセルを与えた。そんな色のランドセルは学校中でたった一人だった。「姑の手前、控えめな服しか着られなかった」直美は、その鬱憤《うっぷん》を晴らすために娘には個性的な服をとっかえひっかえ着せた。澤田が今も「人と同じ服は着ない」のはこの母の影響だが、目立った服装のせいでいじめにも遭《あ》っていた。

小さな頃から太っていた澤田が、容貌をはじめて意識したのは小学生の頃だ。なぜかクラスで可愛い子が友達になる。

「モテる子が集まってるグループの中で私一人がモテない。あっ、この中では私が一番下やって」

澤田の作品には、ナルシシズムが感じられない。むしろ自分をギリギリまで相対化する醒《さ》めた視線が見る人の笑いを誘うのだが、それは子供の頃に習得したものだ。自分を笑い飛ばす関西という土壌で育ったことも大きいが、少女の頃から自分自身をクールに見ていた。

中学は、髪形まで規制される校則の厳しい公立高校に行くのが嫌で、制服の可愛い私立の女子校を受験し、合格。この中高一貫の女子校時代、思春期の澤田を悩ませたのは外見優先の価値観だった。

時代はバブル期の終わり。一学年三百人の女の子たちの順列は容貌と持ち物で決まり、外部の男の子によってはっきりとランク付けされていく。可愛いことがステータス、ブランドものを持っていることがえらいという階級分けに、密かに反発した。なんでやねん。そんな澤田は、またも苛《いじ》められていた。

「容貌で女の子の値打ちが決められることを、しょうもないと思っています」

しかし、この時代に、澤田は、恩師と邂逅《かいこう》し、多くの少女が持ちたくても持てない将来の設計図も手にしている。

勉強が大嫌いだった中三の少女の前に、美術教師として美術家の椿昇が現れた。椿ははじめての授業で、チェコのアニメの巨匠、シュワンクマイエルのビデオを観せ、画用紙と色紙を渡して、その感想をコラージュするように言った。澤田の頭の中にイメージが驚くほどの勢いで湧《わ》いてきた。それを形にしていくことで、今までにない達成感と快感を味わった。

椿は、授業中に自身の海外での個展やパーティーのビデオを流し、「夢のような」美術家生活を垣間見せてくれた。澤田は、椿のように作品を作って世界中を飛び回り、生活する人になろうと決めた。

「外見でなく私は私や」／400人の大変装を敢行／それが澤田の真骨頂

母の直美は、「アーティストになる」と聞かされたとき、娘が人と違うことをすることで自分の存在意義を見いだそうとしていると感じた。

「こうと決めたら実現する子です。容姿で勝負できなければ他で勝ってやろうという気があったのかもしれません」

自分に合った表現方法を探すために入った美術短大の授業で写真を学ぶ。手作業が好きな澤田には、現像も焼き付けも面白かった。何よりレンズで見たままがそこに現れることに惹かれた。

「私は全部を自分でやらなきゃ気がすまないんです。絵は思ってる通りに描けないけど、写真は自分の自由自在、完全にコントロールできたのがよかった」

いじめに遭うなど思うにまかせない学校生活を送ってきた澤田には、自分の手で制御できる写真世界は、ことの外魅力的だったに違いない。楽しくて、楽しくて、写真を撮りまくった。そんなときに、課題でセルフポートレートという手法と出合ったのである。

セルフタイマーを使って撮った最初の自画像を見て、澤田はすっかり嬉しくなってしまった。そこには、思ってるよりずっと可愛い自分が写っていたのだ。コンプレックスがなくなっている。それから、彼女は写真の自分に夢中になった。

「思えば現実逃避だったんですけど」

レンズの中の自分が虚像でしかないことに気づくのは、成安造形大学写真コースの三年に編入した頃だった。現実は何も変わらない。なのに、そこだけコンプレックスがなくなっている。写真の自分を見るのがすっかり嫌になっていた。

大学で澤田の指導教員だった写真家の畑祥雄《よしお》は、彼女がマグマのような鬱屈《うっくつ》を抱えているのがわかった。当時の澤田は、きれいな人形になりすました作品やお猿の仮面をかぶった作品、包帯をぐるぐる巻きにして片目だけを開けた作品などを撮っていた。どの作品にも「顔」が写っていなかった。テーマを聞いても、彼女はまともに答えられなかった。

畑がことごとく作品を否定すると、澤田は不登校になり、ある日、突然、退学したいと研究室にやって来て、泣きながら訴えた。「作品は作れないし、編入生だからみんなにバカにされている」。畑は、「賢く見せたり、美人に見せたり、そんなことをしているからほんとうの自分が見えてこないんだ」と、諭した。それから間もなく、畑の前に、自動証明写真機で撮った作品が提出されることになる。

澤田が、『ＩＤ４００』のアイデアを思いついたのは通学の電車の中だった。突然、何人もの自分が写った証明写真が、展示されている状態でパーッとパノラマのように浮かんできた。その瞬間、これや、これっといてもたってもいられない気持ちになった。二十歳の秋だった。

「外見がどう変わろうと私は私やと開き直ったんです。それならいろんな人になって撮ってみようって。人間は中身やと、その頃は内面を重視してたんです」

畑は、そのときから澤田が生き生きと変わっていった、と証言する。

「彼女は今までの外面だけで選《よ》り分けられてきた悔しさ、怒りを作品にぶつけてきた。愚痴の多い普通の女の子が歯車が合ったように顔つきまで変わった」

『ＩＤ４００』は、スーパーの立体駐車場に設置された自動証明写真機と斜め前のトイレをときには日に二十往復もしながら、実質三カ月かけて制作した。全部で二十四万円かかった費用は母に借りた。

親友の櫻井《さくら》恵《いけい》は、「ヘンな人と間違えられたら困るから」と頼まれて撮影に付き合い、洋服を貸した。最初、澤田が「百人作る」と言うのを聞いた櫻井はそんなにできるかなと思ったが、あっという間に百人を超えた。撮影にあたり、澤田はためらいもなく眉毛を剃り落とし、前髪を切る。丸刈りにもなる。絵を描くように、服装に合わせて顔を作る。一人にかける変装の時間はわずか十五分。

「私が美形やったらこんな作品作ってないわ」と、澤田は櫻井に笑って言った。

澤田は、木村伊兵衛賞受賞以来、膨大な数の取材に応えて、創作のきっかけをコンプレックスだと説明してきた。が、「あんまり言われるから嫌になった」と、今はその説を翻す。篠山紀信は「理由なんて全部後付け。やりたいことをやってるだけですよ」と、彼女の本質を鋭く突く。だからこそ、あの尋常ならざるエネルギーが湧いてくるのだ。けれど、その源には、確かに誰もが抱えているコンプレックスが存在する。そして、それこそが刷り込まれた美の基準から逃れられない多くの人の共感を誘発するのだ。

写真評論家の飯沢耕太郎が解説する。

「自画像作家に珍しく、彼女は自分探しをしていない。たくさんの自分を認めている。だから、見ていて気持ちがいい」

自分に集中していた澤田の目が社会的システムに向けられたのは、二作目の『OMIAI♡』だった。澤田の頭の中には漠としたアイデアがいつも充満しているが、あるとき、それが日常の出来事とリンクすることで作品になる。結婚する友達が出始めたとき、外見で人を選別するお見合い写真という形式が閃《ひらめ》いた。

町の写真館で撮った『OMIAI♡』では、「別人に見える」よう、まず五キロ太り、そこから半年かけて二〇キロ落とした。着物や服は親戚中からかき集めた。そうして出来上がったのが、振り袖姿のお嬢様風からスーツ姿のワーキングガール風まで三十人。個展を開くと、そこに写っているのがすべて澤田とわかっても、来場者は口々に「息子の嫁さんにいい」「あれは料理できないわ」「あの子は遊んでる」と好悪や印象を伝えてきた。

「外見って凄《すご》い、考えてるよりずっとずっと深くて怖いんやと思いました」

「どっち が大事なんて」／内面と外面の相克抱え／そして「澤田」に侵される

澤田の作品は海外で早くに受け入れられた。最初の海外出展はひょんなことから実現した。二十二歳の春、原宿で個展を開いていると、フランス人の学芸員が通りかかり、展覧会に参加しないかと言った。後にそれがアンディ・ウォーホルやシンディ・シャーマンの作品も出品された自画像展だとわかり、狂喜した。それから海外での展覧会が増え、二十五歳でニューヨークの名門ギャラリーで個展を開催、『ニューヨーク・タイムズ』で「アイデンティティを考える作家」と絶賛された。

「どこの国も反応は同じです。まずクスクス笑う。すぐには写ってるのが全部私だと気づかない。気づくと、凄いね、変装の達人だねと言われます」

海外で評価が高まる最中、日本での澤田は、作品を作り続けるために、工場や市場や焼き肉屋でバイトをしていた。実家に暮らしているため生活費は必要なく、母校の非常勤講師という職もあり、海外では作品が売れるようになっていたが、それだけでは作りたいものは作れない。だが、このときの経験が、次なる作品『Ｃｏｓｔｕｍｅ』を生む。

バイト先で「普段は何してるの？」と訊ねられ、その時々で「フリーター」「アーティスト」「大学で教えてる」「海外で個展を開いた」と答えていた。すると、答えによって相手の反応が変化するのだ。澤田は、制服を着けて、様々な職業の女性に変装することを思いつく。

「同じ人間なのに、職業で人の態度がコロコロ変わるのはヘンだなと思って」

人がいかに見かけや肩書に左右されるか。澤田は、変装というマジックで、日本社会の偏見や社会通念を炙《あぶ》り出し、それを明るく笑い飛ばしてしまう。

昨年、木村伊兵衛賞に続いて、ニューヨーク国際写真センターの三十歳以下に与えられる賞を受賞した。澤田は、真っ赤な振り袖を着て受賞パーティーに出席、七百人を前に「私はラッキーガールです」と日本語なまりの英語でスピーチした。会場から笑い声と拍手が湧き起こった。

十五歳で抱いた世界を飛び回るアーティストになる夢は叶《かな》えられた。

「四十歳で写真集一冊出せればいいと思ってたんですが、意外と早かったですね」

さて、問題は内面と外見である。その関係に答えは出たのだろうか。

「出ません。どっちが大事なんて永遠に答えが出ないことだけはわかりました」

かくして、「澤田知子」が増殖し続けていくのである。

『アエラ』二〇〇五年六月二十七日号掲載

プロボクサー

風神ライカ

孤独の闇に
突き出す拳

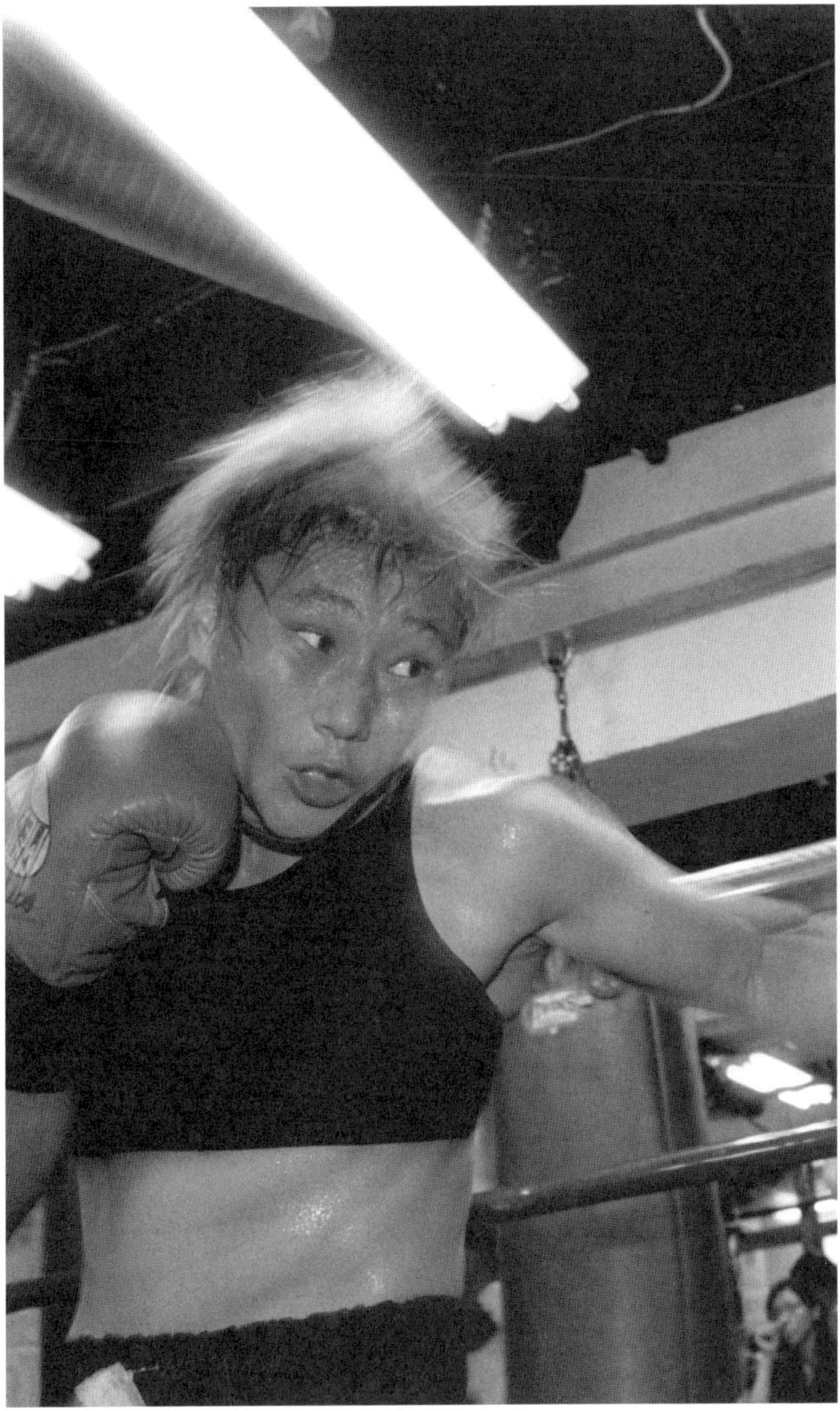

写真　奥野安彦

九ラウンドは一分を過ぎている。

目の前の顔は大きく膨れ上がって、もうダウン寸前や。ここで決めたる。なのに打っても打っても倒れへん。ああ、ほんまに強い相手と、殺し殺されるどつきあいしてるねんわ。パンチが当たるのはなんて気持ちいいんやろ。今、自分は生きてるねんな。楽しいな。たまらんなぁ。

九月十八日、ＷＩＢＡ世界フェザー級王者・ライカは、生まれ育った京都の地で三度目の防衛戦を闘っていた。

同級一位で九戦九勝六ＫＯの戦歴を持つ米国のミッシー・フィオレンティーノを相手に、序盤から激しい打撃戦。双方ガードを捨てた壮絶な闘いに客席は沸き、泣き出す女性客までいる。一〇ラウンド（一ラウンド二分）終了のゴングが鳴り、三―〇の判定でライカの右手が上がる。招待した児童福祉施設の子供らが「ライカーッ」と叫ぶ。二千五百人の歓声が京都府立体育館に響き渡る。ライカがこれ以上ない喜びを感じる瞬間だ。

この凱旋《がいせん》試合のために、二十八歳の女子ボクサーが自分に課した練習は過酷なものだった。ランニング、ウエートトレーニング、男子プロとのスパーリング。スポーツ医学センターにも通い、食事は自炊。試合三日前には女子フェザー級リミットぎりぎりの体重五七・〇九キロ、体脂肪率一三%、筋肉率四七%という闘うための肉体へ仕上げた。多くは耐久戦になる女子の試合にあってライカが一打必殺のパンチを持つのは、努力の賜物《たまもの》に他ならない。

「負けるのが怖い。試合に勝つためならどんなことでも乗り越えられるんです」

世界で女子ボクサー人口が増えたのはマドンナがボクササイズを始めた一九八〇年代、知名度が上がったのはモハメド・アリの娘がデビューして以来ここ四、五年のことだ。日本では九九年に日本女子ボクシング協会が設立され、現在プロボクサーは百人前後。中で、ライカは人気実力とも突出した存在である。

「女子という枠を取っ払っても、一人でも、興行を成立させる凄《すご》い試合をする」

リングドクターとして様々な格闘技を千試合は見てきた湯沢斎《いつき》が、言う。

海外での試合経験が豊富な実力派、菊川未紀は、日本の女子選手の中でライカは異色だと話す。

彼女は日本タイトル戦を含む二つの試合をライカと闘い、二度とも判定負けを喫している。

「死んでもいいという覚悟、戦意が他の選手とまるで違う。掛け値なしに強い」

京都の試合の二カ月前、ライカが暮らす東京都世田谷区のマンションを訪ねた。

「汚いっすよ」と言ったとおり、家賃八万円のワンルームは乱雑を極めていたが、彼女はそれを恥ずかしがるでもなく、人懐っこい笑顔で招き入れた。

「風邪ひいてしもて。自分、ほんとは体、弱いんっす。すぐ病気になるねん」

与えられた環境がすべて／生まれてきた意味を問い、女であることに落胆した

万年床には大きなぬいぐるみ。チャンピオンベルトが漫画本『はじめの一歩』の山に埋まってる。ウサギとハムスターを飼う。壁には「しっかり腰を入れて打つ」「左ストレートとジャブを使い分ける」と、指導を請う元世界王者の畑山隆則《たかのり》の教えを張っている。

畑山は、ライカにいつも言うそうだ。

「お前がチャンピオンでなくなっても、俺はお前を見捨てない」

ライカは、ボクシングを始めるまでずっと一つのことを自問しながら生きてきた。何のために生まれてきたんやろ。

「自分でほんまにやりたいことやったのはボクシングがはじめて。それまでは与えられた環境を受け入れるしかなく、そこで精いっぱい生きるしかなかった」

最初に与えられた環境とは、三歳のときから育った京都の児童養護施設・迦陵園《かりょうえん》での暮らしだ。なぜ園に来たのか。十七歳で婚外子を産んだ母はまだ若くて子供を育てられなかった、と職員から聞かされているが、深いことは知らない。六歳になると弟が乳児院からやってきた。

園の生活は規律が厳しかったが、近くの下鴨《しもがも》神社で野球をし、鴨川で魚をとって遊ぶ毎日は楽しかった。中には学校の友達に園にいることを隠す子もいたけれど、大勢の職員や子供に囲まれた大家族の暮らしが、彼女にはむしろ自慢だった。ただ暗い夜は一人でいられなかった。いつも寝入るまで職員に手を握ってもらった。それでもしばしば怖い夢を見て、夜中に泣き出した。

「人恋しくて、わざと悪戯《いたずら》したり目立つことをして、大人の気をひこうとしてました。今も、ボクシングするのはみんなに見てもらいたい気持ちがあるから」

ライカには、園での暮らしの他にもう一つ、黙って受け入れるしかない現実があった。自分が女であるという事実だ。

おかっぱ頭にスカートをはいたはにかみ屋の少女が、突然、寝癖のついた髪にTシャツと短パン姿の、誰が見ても「男の子」に変身したのは小学三年の頃だ。それは、母が正式に結婚した父を伴い、子供たちの前に時折顔を見せるようになった時期とも重なった。

「ずっと男になりたかった。男のほうが何でもうんと自由じゃないですか」

口癖は「何で女やねんやろ」。中学に上がるとき、制服のスカートをはくのが嫌でひどく落ち込んだ。中二で初経を迎え、胸が膨らみ始めると打ちのめされた。今も彼女は、「女の人の顔は見分けがつかない」と言うほど「女」は苦手だ。

「でも、自分は女ですよ。高校のときにもう男にはなれないって諦めたんです」

誰もわかってくれない／現実離れした夢を壊す／周りが皆ぐるに見えた

児童福祉施設は高校卒業後に出るのが規則である。高校に進学しないで就職する場合は、中卒で出なければならない。勉強などしたことがなく、小学校からオール1の成績だったライカは、中二で「高校に行かれへんかったら、園出なあかんよ」と教えられると、恐慌をきたした。園を出るということは独りぽっちになるということだ。それがどんなに恐ろしいことか。必死に掛け算からやり直して、何とか農業高校に合格できた。

だが、それでもあと三年の猶予しかない。残された時間が砂時計のように減っていく恐怖を忘れるために、ライカにはすべてを忘れて打ち込める目標が必要だった。大学受験に没頭した。当時のライカを知る人は誰もが「あんなに勉強した子は見たことがない」と振り返る。

しかし、その目標は高すぎた。彼女は京大に入るとだだをこねたのだ。幼い頃からボランティアの京大生に憧れていた。自分も京大に入り、今度はボランティアとして迦陵園へ戻ってくればここから離れないですむ。そう夢想した。「もっと堅実な道を」と心配する人たちの言葉を素直には聞けなかった。苛立《いらだ》ちが募り、勉強に詰まると部屋のガラスを叩き割り、机を蹴り上げて足の指を折った。

「周りみんながぐるの敵に見えました」

学校の先生も園の職員も誰も自分の不安をわかってくれへん。その気持ちをさらに頑《かたく》なにさせたのが親という存在だった。

ボクシングと出会って、苦しみから解放された／「ライカはタイソン」

両親は子供を引き取ろうとはしなかったのに、年に二回、夏と正月だけは家に帰るように強いた。それがずっと苦痛だった。父は感情の起伏が激しかった。母はいつも夫の顔色をうかがい、夫が子供を殴っても何も言えずにいた。ライカは、彼らにとって子供は都合のいいときだけ出してくる道具なんだと思うようになっていた。だから進路を決めるとき、父が「先生の言う通りにしろ」と親の顔になって命令するのが許せなかった。

結局、夢は叶《かな》わなかった。現実の前に京大も「男の子になること」も諦め、無力な自分を自覚するしかなかった。けれど、この受験勉強時代に、彼女はボクシング漫画『はじめの一歩』と出合っている。いじめられっ子の一歩がボクシングを始めて成長していく物語に、自分を仮託するのは容易だった。何より、一歩が疑似家族といえるほどの濃密な仲間に恵まれていることがライカの心を捉えた。

バイクで京都の街を走っていて、ボクシングジムの窓に「女性歓迎」の文字を見つけたのは、日本電池に派遣社員として勤めていた二十二歳の夏だった。その瞬間をライカは決して忘れない。

「まるで深い眠りから覚めたような気分やった。それから、すべてがボクシングをするためにあると思えたんです」

ライカの上司だった小谷巌《いわお》は、彼女から「やりたいことやっと見つかった。ボクシングや」と聞かされたとき、またかと思った。職場の人間は、何度同じ台詞《せりふ》を耳にしたろう。飲食業のバイトに始まり、この前は老人ホームのヘルパーだった。彼女が何かをなし遂げたいと熱望してるのはわかっていたが、どうせ続かんやろと小谷は醒《さ》めた目で見ていた。

だが、今度ばかりは様子が違っている。終業時間になるとジムにとんでいく。カラオケに行くと、トランクス姿になり「筋肉ついてきてん」と、みんなに体を披露する。十万円の給料の中から必死でボクシングに必要なお金を捻出《ねんしゅつ》していた。

「忘年会で、男相手に腕相撲の十人抜きをやったことのある子やから格闘技の世界は合ったんでしょう。職場のみんなが、弟みたいに彼女を応援しました」

ボクシングを見つけたとき、ライカは嬉しさのあまり家にも電話をかけている。しかし、父は「パンチドランカーになったら、親が面倒をみなあかんのやぞ。やめとけ」と一方的に怒鳴っただけだった。

親のことを聞くと、「忘れた」「知らん」と下を向くライカが、この話になったときだけは顔を上げた。

「捨てたくせに。孤独と闘ってきて、やっと一人でも生きられるようにと目標見つけて頑張ろうとしてるときに、いつも邪魔する。自分が目標がなかったら生きられないようにしたのは親なんですよ」

両親に会いたいと伝えると、「絶対嫌や。あかん」と激しく拒絶した。

「親はもういてへん思てる。親以上の愛情を他の人からいっぱいもらってるから。でも親のこと悪く書かれるの嫌やねん」

ボクシングを始めて三カ月。ライカはヘッドギアに大きなグローブをつけて、はじめてのアマチュア戦に臨んだ。ボウリングのようなアッパーを打ち、打った瞬間に相手に背中を見せて逃げたが、一ラウンド目にダウンを奪うほど、既にパンチ力はずば抜けていた。

トレーナーの園寿和《そのとしかず》は、彼女はボクサーではなく格闘家だと断言する。

「拳の芯で相手の急所を突きよる。目の前にあるものを叩き潰《つぶ》したい、それだけ。あいつみたいなやつはもう出ない」

ボクシングはライカに「何もかも忘れさせてくれるほど」の充実感をもたらし、同時に仲間を与えてくれた。

「一緒に世界に行こ」と言ってくれた園。「ライカは女ちゃうからな」と、一つの布団に寝ることをためらわない男子練習生。ライカは、ここでは「一歩」だった。

「男も女も関係ない。自分が自分のままでいられる。あそこは、自分をいろんな苦しみから解放してくれた場所です」

ボクシングを始めて一年後、アマチュアの全国大会でMVPを獲ると「東京に出て、プロで試合しないか」と声がかかった。自分の強さを試す場所に立てるかと思うだけで、全身が震えるほど興奮した。けれど仲間とは離れたくない。プロとしてやっていけるのか、自信もなかった。ライカは胃潰瘍になるほど逡巡《しゅんじゅん》した。

心配事があると、周囲の人たちに、夜中でも電話をかけるのが今も変わらない彼女の習性だが、このときもあらゆる人に相談して回った。親の庇護《ひご》という支えがないライカには、友人の受容と励ましと承認こそがそれに代わるものなのだ。彼女が頻繁に自宅に訪れる理学療法士の渡辺純は、こう指摘する。

「精神面は極めて弱い。依存的で、練習も与えられたことは一二〇%するが、自主的には何も考えられず決められない」

二〇〇〇年四月、「行けや。後のことは心配すな。世界チャンピオンになるまで帰ってくなよ」と仲間に背中を押され、スポーツバッグ一つを下げたライカが深夜バスから新宿に降り立った。

上京二週間後、胃潰瘍のままプロ・デビューしたライカは、格上の選手を三ラウンド一分十七秒のＴＫＯで破り、初勝利を飾った。リングに放たれたライカはオーラで輝いていた。

日本女子ボクシング協会会長の山木《やまき》敏弘は、ライカが上京してきた日から生活を引き受けてきた。練習法を巡って激しくやり合ったこともあるが、練習着の洗濯や、時には部屋の掃除までしてやり、世話をやいている。千五百万円の赤字を出して京都の凱旋試合をプロモートしたのは、彼女が上京するまで籍を置いていた派遣会社の社長である。彼らはなぜそこまでライカに賭けるのか。山木が答える。

「ライカはマイク・タイソンです。気分は不安定でわがまま、私生活もハチャメチャだがボクシングの申し子なんです」

チャンピオンになっても底なしの孤独に襲われる／もっと強くなりたいねん

日本王者になるまでに一年半、そこから世界のベルトを巻くまでに十カ月、ライカは世界の強豪をなぎ倒して頂点へ駆け登ってきた。道は平坦ではなかった。練習中の右眼底骨折と卵巣嚢腫《のうしゅ》を抱えて二試合目を闘い、試合後に手術。その傷が癒える間もなく一年間に鼻骨と頬骨《ほおぼね》、顔面だけで五カ所の骨折を繰り返した。世界を獲った後は、これで堂々と京都に帰れると思った瞬間に気力が萎《な》え、次の試合が決まるまで心が空っぽになった。

「怪我や顔が歪《ゆが》むのはしょうがない。全然怖くない。だってどつきあいなんやから。でも、気持ちがなくなるのは怖かった。この世界では終わりですから」

彼女に憧れるボクサー志願者は後を絶たない。デビューしたとき三万円だったファイトマネーは、男子の十分の一とはいえ百万に届いた。東京に畑山や渡辺ら、仲間もできた。何より格段に強くなった。しかし、ライカは首を振る。

「まだボクシングようやめん。まだボクシングがないと生きていけない自分がいるから、まだ強くなってない気がする」

世界チャンピオンになって、もの凄く強いはずなのに、自分は夜の闇の不安からさえ解放されない。時々底なし沼のような孤独が襲いかかる。王者の肩書はあってもいまだ自分は挑戦者なのだ。もっと、もっと、もっと強くなりたいねん。

女子ボクシングは北京五輪の公式種目に採用される可能性が高い。が、日本ボクシング協会にも認知されていない女子プロボクサーの出場は難しい、と専門家は予測する。ライカが、生まれてきた意味がわからない虚しい心を満たすには、王者という立場で喝采《かっさい》を浴び続けなければならないのだ。彼女は、九月の防衛戦に成功した直後の記者会見で、オランダのルシア・ライカへの挑戦を次なる目標に掲げた。

「最強のチャンピオン目指します」

五階級上で君臨する、同じ名前を持つ世界最強の女子格闘家を倒すのだ。突き出す拳《こぶし》の向こうには、きっと一人でも生きていける強い自分がいるはずだ。ライカはまだ夢の途中にいる。

『アエラ』二〇〇四年十一月二十九日号掲載

劇作家

本谷有希子

「ぜつぼう」という名の檻を破れ

写真　白谷達也

七月のある暑い日。西新宿の廃校になった小学校の一室で、「劇団、本谷有希子《もとやゆきこ》」の十四回公演『来来来来来《ライライライライライ》』の稽古が佳境を迎えていた。休憩時間には愛嬌をふりまいていた作・演出の本谷が、黒目がちの目をひたと主演のりょうに向ける。

「りょうさんの演技と私の演技は違います」

りょうは、結婚間もなく夫に失踪され、家業や義母の世話を引き受けて自らどんどん不幸になっていく蓉子《ようこ》を演じあぐねていた。

「台本を読めば読むほど台詞《せりふ》が入ってこなくて。自分の中にはなかなかない感情なので……」

本谷が書く人物は、よく「明るい人格障害」と表現され、トラウマや劣等感やドス黒い感情を抱えて暴走する。本谷曰《いわ》く「こんな人、いない大会」。出演した役者たちは、理性や感情が台詞についていけずに当惑する。義母役の俳優で、演出家でもある木野花《きのはな》も台本を読み、戸惑った。

「私なら表現しようとは思わない人間の負の感情を掘り起こすのが本谷ワールド。挑発的ですね」

本谷は自分が絞り出した台詞を次々カットし、その場で書き換えていく。昨日と今日では指示が変わり、「そこ、黒澤明でやってもらっていいですか」と本谷用語を連発する。演技方法で迷うと、「どうすればいい?」と役者に意見を求める。三十歳年上の木野には、「間違った」「わかんない」「教えてくれますか」と素直に甘える本谷の、余計なプライドを持たない姿は新鮮だ。

「私たちの世代は闘う形で女性であることを克服しようとしてきたけれど、彼女は若さと女を逆手にとる。こんな形で女性演出家がコミュニケーションできる時代になったのかと感慨を覚える」

「ズルしても下手に出ても、芝居がよくなればいいから」

本谷は「演出では卑怯な手も使ってる」とにこにこ。

「わからないことを自分一人で何とかする必要はない。ズルしてでも下手に出ても目的は一つ。役者の演技、芝居がよくなればいいから」

稽古の真っ最中に三十歳を迎え、誕生日の翌日、芥川賞を逃した。候補作は、自分を臭いと信じる女と大きな胸が拠《よ》り所《どころ》の女、二人の共同生活を描いた『あの子の考えることは変』。二度目の候補で周囲は盛り上がっており、落選した瞬間はひどく悔しかった。が、二時間後、引っ越したばかりの家賃十三万円のマンションでお風呂に入った時には、もう翌日の稽古のことしか頭になかった。

「もっと面白いものを書けよということでしょうから、わかりました！と思って」

演劇と小説、二つのジャンルで注目を集める、ゼロ年代カルチャーの旗手。「天才」の呼び声が高い一方で、「理解できない」という声もある。演劇のほうでは、一月、「無差別テロだ」と叫び、見知らぬ家族の日常をかき乱す自己中女を永作博美《ながさくひろみ》が演じた『幸せ最高ありがとうマジで！』で、岸田國士《くにお》戯曲賞を受賞した。その授賞式。ワンピース姿で座り、脚をハの字型にして選評を聞いていた本谷の顔が見る見る強張《こわば》っていった。受賞の挨拶に立つ時には、すっかり戦闘モードだった。

「私がなぜ受賞したのか何となくわかりました。自分の主義主張を書いた時、つまらなさを感じる。私には、賢いものは書けない。テロの意味も知りません。自分の愚かさを知るために書いているんです」

本谷は、「五度目の候補。店晒《たなざら》しにしていてはいけない」「この作者はテロという言葉がわかっていないのでは」といった選考委員の言葉にいちいち食ってかかるスピーチを、委員の前でやってのけた。その後のパーティーで、彼女がビールを注《つ》ぎに回ると誰もがビクッと身構えたという。

「危ないヤツと怖かったんでしょうね。マイナス面ばかりをあげつらう選評に、おっ、喧嘩売られたな、なら買ってやる、って。後で、素直にありがとうと言えばよかったと思いました」

取材中、本谷は「頻尿なので〜」とわざわざ断って席を立ち、二枚目なルックスを裏切った。「私なんてフツーの姉ちゃんですよ。大丈夫ですか？」と幾度も訊ね、諧謔《かいぎゃく》とサービス精神に富んだ話っぷりで笑わせてくれる。世間知は極めて高い。ほんわかな外見と、繊細で鋭利なナイフのような中身。羞恥心と自尊心の在り処《か》が一般女子の平均値を大きく逸脱していて、まるで鈴木由美子の漫画に出てくる自意識過剰な主人公。〝女子〟の隙間《すきま》から〝おっさん〟がちょくちょく顔を出すチグハグさなど、そのまんま『白鳥麗子でございます！』だ。天然なのか、演出なのか。

石川県の旧・松任《まっとう》市にある一軒家の離れは、ビールの空き缶やボンカレーの看板等一見脈絡のない収集品で埋まっていた。そこの主、本谷文雄は、長子が左利きと知った時、「私の子だ」と喜んだ。太川《たがわ》陽介そっくりな顔が、左利き歓迎の理由を「少数派のほうが競争率が低くて生き残りやすい」と説明する。博物館勤務の学芸員である文雄は大衆評論家の肩書も持ち、本谷作品『偏路』の、「虚無僧になる」と家を出る父親のモデルでもある。本谷を知る人は「食べ散らかして、食事マナーが悪い」と口を揃えるが、文雄は長女に「好きなものを、美味しいと思うところまで食べなさい」と教えてきた。

文雄の横で、母・冨士子は「でも、普通の子でしたよ」と話した。本谷は、漫画＆ミステリー好きと運動神経のよさをこの美貌の母から受け継ぎ、中学までは「男の子になりたい」願望の強い、サバサバしたスポーツ少女だった。だが、父の価値観を内面化して育った娘は、集団生活に入る頃には本谷を本谷たらしめる三つの個性を際立たせていた。勝ち気、リーダーシップ、そして努力である。

「子どもの頃から自分が、自分がと自我が肥大していた。どうすれば人の心を動かせるかということに興味がありました。今、考えれば、知らずに演出家としての帝王学をやってきたんですね」

「特別な人になりたくてしょうがなかった」

本谷伝説は自薦他薦山のようにある。幼なじみの相川和世《かずよ》と木谷《きや》典子は、「悪魔だった」と笑って振り返る。小学生の本谷は、ゲームやドラマごっこなどの遊びを発明しては仲間に指示し、すべてのルールを決めていた。『東京ラブストーリー』ごっこの時は、「セックスしよう」と叫ぶ赤《あか》名《な》リカは当然、自分がやった。相川も木谷も「成績が下がるから一緒に遊ばないように」と担任に注意されても、本谷といるワクワク感を選んだ。

「あの強烈な一年は忘れられない」

「思い通りにいかないと我慢ならない」勝ち気さが、「欲しいものを手に入れるためならどんなに苦しくても粘り強くやる」努力につながった。小学校の校内マラソン大会では、六年で後ろを走る子に「お腹が痛い」と騙《だま》され抜かれて二位だった以外、一年から五年まで一位。娘をマラソン選手にすべく企んだ父に「勝てば小遣いやる」と人参をぶら下げられたおかげだ。小六で「お前は結婚も出産もしないだろうから好きに生きろ。家は妹に継がせる」と父に告げられた少女は、小学校の卒業アルバムに将来の夢を冒険家と記した。

思春期は父とのバトルの時代だ。体調の悪かった文雄は、「学校なんか行くな」と窓から教科書を投げ捨て、自分の分の桃を食べたとテーブルをひっくり返した。理不尽な理由でキレる父と、娘はことある度にぶつかった。本谷には大人への不信感が強い。それは、指導者だった父との闘いの時期に強固になったものだろう。が、同時に父は勉強のコツを伝授してくれた。何事にもコツがあると知ったことは、その後の大きな武器となった。

「私にもし才能があるとすれば、何においてもコツを摑《つか》むことが感覚的にできることかも。小説もコツさえつかめばちゃんとものになったりする」

もちろん、コツだけで小説を書けるわけはないが、とりあえず、高校時代の本谷はコツで教室での唯我独尊を保っていられた。授業中はマイ枕を持ち込み、寝ているか漫画を読んでいるか。テスト前一週間だけ徹底的に勉強して全教科八〇点以上をとることで、教師の説教を阻んだ。

ルーズソックスに茶髪の今時の女子高生。外見はしっかり擬態するようになった本谷が選んだ部活は、メジャーから外れた生徒が集まる演劇部。「イケているかイケていないか」が価値基準の少女にとって、ダサい演劇部に入るには葛藤もあった。本谷は、演劇部を選んだ理由を「単に目立ちたかったんですね」と述べたが、恋愛にも興味を示さず、男子を競争相手としか見ない女子生徒は学校の中では明らかに異分子だった。友人の西村瑠利子《るりこ》の堅実さを、本谷は「そんな風に生きていて楽しい？」と一蹴《いっしゅう》した。西村は、いつもヘラヘラ笑っている友だちが舞台で涙を流している姿にショックを受けた。世界と自分とを隔てるものを埋めるために、本谷にはもう一つの世界＝演劇との出合いがどうしても必要だった。

本谷の「憧れの先輩」で、現在、俳優座に所属する俳優・森尾舞は、プロの女優になりたいと相談に来た後輩に、「新劇より、向いてるよ」と演劇雑誌が立ち上げた専門学校を教えた。そこには、「劇団・大人計画」の松尾スズキら、小劇団の人気者が講師に名前を連ねていた。

一九九八年、本谷の上京物語が始まった。

「地元で就職して主婦になるという選択は、絶対ないものでした。演劇でなくてもよくて、とにかく特別な人になりたくてしょうがなかった」

自分と同じ願望にとりつかれた集団の中で本谷は早くも存在を際立たせる。松尾の出すエチュードの課題に「面白くない」と食ってかかるという屈折したアピールをしながら、センスよくそれをやってのける。授業を見学に来た庵野《あんの》秀明監督に、ＴＶアニメの声優に抜擢《ばってき》された。

クラス全員が出演した松尾の舞台でも目立つ役だった。しかし、十九歳の彼女は役者としての自分に「ノー」を下す。どうしても自意識が飼い馴らせない。はじめて書いた芝居を松尾に「俺が書いたことにしていい?」と褒められ、書くことへ目を向ける。「そんなこと言った覚えはない」と笑う、松尾の証言。

「普通はただ下手とか見たことがあるとかという感想を持つことが多いのに、本谷のは見たことがなく、はじめて書いた芝居の瑞々《みずみず》しさがすべていいほうに輝いていた。クラスでは野性児で浮いていて、だからこそ授業を吸収しようとしていたと思う」

劇団を興したのは、二十歳の秋だった。専門学校修了後、「仕送りは二年だけ」という親との約束に焦燥感を募らせ、ワープロに向かっては町田康《こう》もどきの小説を書いていた頃。友だちがVシネマのオーディションを受けに行く姿を見て、反骨精神が黙っていなかった。上京組自我肥大系女子の中から本谷が頭一つ抜け出すのは、個性を武器にできるチャンスを自分で作りにいったこの瞬間だ。

「場所がないなら私が場所を作るわ、って。演技をやりたいばかりに、観たこともない監督や劇団のオーディションを受けないといけないとか、凄《すご》い嫌だった。そういうのは性に合わない」

本領は、いよいよここから発揮される。「私たちわぁ?」と仲間に反対されながら、強引に自分の名前を劇団名につけ、「アニメ声優の若い女の子の劇団」を前面に打ち出して、チラシに松尾や庵野ら著名人のコメントをズラリと載せた。周囲には「二十三歳までに芽が出なければ実家に帰ります」と宣言した。

「ビジネスとして考えてたんですよ。やるからにはお金を儲《もう》けないといけない。人の関心を惹くために何をすればいいか、全力で考えました」

編集者のダメ出しに号泣／驚異の集中力で書き直し

「女の病気シリーズ」と銘打ち、高田馬場の小さな劇場で上演した第一回公演『腑抜《ふぬ》けども、悲しみの愛を見せろ』は三百人を集客。メンヘラーなる言葉もない時代に、自分を特別だと思う女優志願の女の話は新しかった。本谷は、自分が何を書いていけばいいのか、コツを摑んだ。

本谷にはじめての小説を依頼した講談社の編集者・石坂秀之は「バカっぽく見せながら、自分以外の価値に寄り添える知性がある」と看破する。彼女は、武器になるなら何であれ活用した。幼なじみたちは、スポーツ少女だった本谷が同窓会に赤いマニキュアをしてきたことに驚いていた。二十代前半を大人の男に囲まれて過ごした彼女には、ウケるために〝女装〟することなど少しの疚《やま》しさも感じなかったろう。本谷にとっては女らしさなど、はなから無価値なのだ。

本谷のしたたかなやり方は、女たちのコードを破った。演劇界でも反感を買った。ネットで叩かれ、火のないところに煙が立った。二〇〇五年、人気劇団「劇団☆新感線」をプロデュースする演劇制作会社ヴィレッジに所属すると、小説も戯曲も社長の細川展裕《のぶひろ》社長が書いていると噂が流れた。

「おい、おい、社長に書けるわけないじゃんって。まあ、私が同性の攻撃対象になりやすいのはわかる。私も、私みたいなのがいたら目障りで潰《つぶ》す！　でも、そんな噂があって負けず嫌いに火がつき、ずっと続けてこられたというのはデカいです」

細川に誘われた時、本谷は警戒して一年間返事を保留している。大人に操られたくなかった。けれど、自分を助けてくれるマネージャーには給料を払いたい。「若い劇団も育てているのは、対外的に宣伝になるから」と説明した細川なら信用できると思い、「劇団の方針に絶対口を出さない」を条件にヴィレッジ入りを決めた。「上手にオヤジ転がしされてますよ」と苦笑する細川が見た最も本谷らしい本谷の姿は、頑張ってミニスカートをはいてきてツッコまれるのを待っている彼女だ。

編集者の石坂は、「面白くない」と言われるとボーボー泣き、修道院に入ったような集中力で全面改稿してくる本谷に感嘆する。『あの子の考えることは変』は、四度書き直されている。

「芝居を観ても、正直に感想を言ってくれと迫られる。その必死さと作品を完成させる力は凄い」

野心と努力で10年書き続ける／まだ誰も見ぬ場所へ真っ先に

達成のためにはなりふりかまわない本谷に魅了される同世代人間も、多かった。マネージャーの寺本真美はその一人だ。大阪音大でオーボエを吹いていたのに、ウェブで妄想だらけの本谷の日記を見つけ、気がつけば深夜バスに乗っては本谷の芝居を手伝っていた。寺本は、戦略家でセルフプロデュース力に優れ、「ここで勝ちに行く」と決断する本谷の野心とカッコよさに激しく憧れた。

「最初は口をきくのも恐れ多かった。振り回されて、三カ月に一度はやめてやる！と思う。でも、自分の世界を確立するためには何でもやる姿を見ると、この人についていこうと気持ちが固まります」

当初、本谷は劇団を長く続けるつもりはなかった。第四回公演の『反感の嵐』がコテンパンに批判された時は人が怖くなり、やめようと思ったが、すでに人の人生を動かし、劇場を押さえていた。「お前の芝居はちっともわからない」と文句を言いながらせっせと上京してくる両親や祖母に借金を重ねながら、全財産二百円の暮らしを経験しても、体重を減らしても、十年書き続けた。

「演劇というシステムが私をやめさせなかった」

女性客も増え、劇団の集客数は順調に伸びている。だが、いまだ生活費を支えているのは演劇ではない。小説を発表するようになってバイト生活から抜け出すことができたものの、演出料を手にしたのはつい最近。それも時給五百円ほどの金額だ。それでも本谷は舞台にのめり込む。

七月三十一日、『来来来来来』が下北沢の本多劇場で幕を開けた。ラスト、蓉子は頭を撫《な》でてくれるという理由だけで、惚《ぼ》けてしまった義母を連れ、すべてをふり捨て有刺鉄線の向うに消えていく。蓉子の向かう先は、自分が自分のままで承認される世界だ。多くの若者が渇望する場所へ、冒険家・本谷有希子が真っ先に駆けている。

『アエラ』二〇〇九年八月二十四日号掲載

文中敬称略、肩書・年齢は掲載当時

あとがき

この本を作る作業が始まった頃に東日本大震災が起こり、福島原発事故が起こった。私は三月十四日の早朝、東京を離れて、四十三歳まで暮らしていた関西で二週間を過ごした。「放射能」から避難したのである。

「安全圏」の関西にいて二十四時間テレビとパソコンの前から離れられずにいるとき、編集者からタイトルを決めようと連絡が入った。ああ、タイトルかと、一瞬仕事モードに入ったものの、多くの資源と同じように、震災の影響で紙が不足して、雑誌の発売延期や中止が相次いでいると聞いていた。こんなときに私の本など出して何の意味があるのだろう、それよりもっと大事な情報にこそ貴重な紙を使うべきだろうと考えたので、そう告げた。

すると、編集者は即座に返した。

「絶対そんなことないですよ！」

この一言がなければ、本を作るのはやめていただろう。

ここに収録されたものは、『婦人公論』に載った「上野千鶴子」を除いては、『アエラ』

の「現代の肖像」のページで書いたものである。もともと、読者の目にいったん触れた原稿を一冊に編むということに対して、それほど興味を持てなくなっていた。書いてしまったら、私の中ではもう終わっているのである。

だが、編集者に背中を押されて原稿を読み直してみると、なぜ私が彼女たちを書きたかったのか、取材時の思い入れが蘇ってきて、再び「対象」に夢中になった。なんて大した女たちだろう。それぞれの人生は当然のごとく違っていても、踏み越えてきた障害や抱える悩みや葛藤は相似形である。私が書いたのはたまたまであって、そこにこだわるべきではない、むしろこの人たちの姿を知らせなくてどうするのだと素直に思えたのである。

取材時から十五年以上の時間がたっている人もいるので、「対象」の今を、敬称を略させていただいた上で、簡単に紹介しておきたい。

山田詠美＝寡作の作家が二〇〇九年『学問』、一〇年『タイニーストーリーズ』と二年連続で小説を上梓。まったく違う、だが山田詠美でしか書けない世界が端正な筆致で描かれている。

夏木マリ＝二〇〇七年、パーカッショニストの斉藤ノヴ氏と事実婚、二〇一一年震災後に戸籍上でも夫婦に。近年は音楽を中心に活動。発展途上国の子供たちの支援にも力を注ぐ。

綾戸智恵＝お母さんが倒れ、その介護のために一時休業していたが、二〇〇九年九月より再びライブ活動を再開。

萩尾望都＝「ここではないどこか」シリーズを発表中。二〇一一年、全作品を対象に「日本漫画家協会賞」において文部科学大臣賞を受賞。

林文子＝ダイエー会長兼CEOを退いた後、日産自動車の執行役員、東京日産自動車販売社長を経て、二〇〇九年、横浜市長選に出馬、当選。横浜市で初の女性市長に。

北村明子＝二〇〇八年NODA・MAPのプロデュースは離れたが、以降も年四、五本の舞台のプロデュースが続く。

宇津木妙子＝二〇〇四年に日本代表監督を退任。北京五輪では解説者ながら「よし、よし、よーし」と日本チームと一体となり、決勝戦では、「やったーっ、やったー」と放送席で叫んで、歓びを爆発させた。

野田聖子＝二〇〇五年郵政民営化法案に反対票を投じて自民党を離党するが、翌年十二月復党。米国にて卵子提供を受け、二〇一一年一月、念願の長男出産。

上野千鶴子＝二〇一一年三月東大を退任、四月に女性のためのポータルサイト、NPO法人ウィメンズアクションネットワーク（WAN）理事長に就任。

長与千種＝二〇〇五年、ガイアジャパン解散と共に現役を引退。同年プロレス興業を初プロデュース。現在は、飲食店などを経営。

北村道子＝二〇〇八年、映画『スキヤキ・ウエスタン ジャンゴ』の衣裳で第六十二回毎日映画コンクール技術賞を受賞。

木皿泉＝二〇一〇年秋放送の『Q10』が、ギャラクシー賞優秀賞受賞。二〇一一年秋、NHKのBSプレミアムで夫妻のドキュメンタリー＆夫婦をテーマにした木皿泉書き下ろしのドラマが放映される予定。

北原みのり＝『週刊朝日』の連載コラムや、『週刊金曜日』の書評などで北原節が読めるが、ブログやツイッターも一読の価値あり。

澤田知子＝二〇〇六年、写真集『MASQUERADE』刊行。成安造形大学客員教授。

風神ライカ＝女子東洋太平洋ライト級チャンピオン。二〇一一年四月四日、同スーパーフェザー級チャンピオンの水谷智佳と闘い、4回1分54秒KO勝ち。

本谷有希子＝二〇一一年小説「ぬるい毒」を発表。二〇一一年八月、長澤まさみ主演の『クレイジーハニー』上演予定。

　私は阪神淡路大震災が起こる前年の初夏に、大阪大学医学部付属病院で甲状腺の摘出手術を受けている。三十九歳だった。ガンが声帯にからみついていたために、手術後二カ月間、声が出なかった。このままだったらもうインタビューはできない、「現代の肖像」は書けないんだ。不安とやりきれなさで、当時まだ元気だった母に泣きながらあたったりした。母はおろおろとして、悲しそうだった。構成の仕事を回してもらって生活していこうかと前向きになった頃から、少しずつ声が出るようになった。そうして、また取材ができて、人物ノンフィクションを書けるようになった。ありがたいなと思う。

私は子供を持たないが、子供たちの甲状腺ガンが増えるかもしれない状況が続いていることに、いてもたってもいられない気持ちだ。

本への収録は叶わなかった方も含めて、しつこい取材を受けてくれたすべての「対象」に、この場を借りて、お礼を言います。書かせてくださって、ありがとうございました。伴走者である『アエラ』と『婦人公論』の編集者たち、折々に私の「対象者」への情熱を受け止めてくれた友人たち。心から感謝します。そして紀伊國屋書店出版部の編集者、有馬由起子さん。あなたがいなければこの本は生まれませんでした。ありがとうね。

二〇一一年五月下旬、東京にて　島﨑今日子

著者紹介

島﨑今日子 しまざき・きょうこ

一九五四年京都生まれ。ジャーナリスト。
インタビューの名手として知られ、
ジェンダーをテーマに人物・時代・メディアなど、
幅広いジャンルで取材・執筆活動を続ける。
著書に、『この国で女であるということ』（ちくま文庫）、
『女学者丁々発止！』（学陽書房）、
『芸人女房伝』（集英社文庫）など。

〈わたし〉を生きる――女たちの肖像

二〇一一年七月一二日第一刷発行

著者　島﨑今日子

発行所　株式会社 紀伊國屋書店
東京都新宿区新宿三-一七-七
電話〇三-六九一〇-〇五〇八 出版部（編集）
〇三-六九一〇-〇五一九 ホールセール部（営業）
〒一五三-八五〇四 東京都目黒区下目黒三-七-一〇

印刷・製本所　図書印刷株式会社

ISBN 978-4-314-01078-8 C0036
Printed in Japan
定価は外装に表示してあります